Andrea Mast

KAKAO PUR

Gesunde Schokolade aus rohen Kakaobohnen
selbst herstellen

Mit Fotografien von Gerd Heidorn

Inhalt

Vorwort: Meine Schokoladenseite

Im Sommer 2009 waren mein Mann, meine zwei Kinder und ich in ein Sabbatjahr nach Mittelamerika aufgebrochen. In Costa Rica lebten wir mehrere Monate in einer alternativen Projektgemeinschaft mitten im Dschungel. Dort probierte ich zum ersten Mal eine Rohkakao-Praline. Die Aromen überwältigten mich – so etwas hatte ich noch nie gekostet. Das war „Liebe auf den ersten Blick“ – und es sollte der Anfang einer großen Leidenschaft für gesunde und fair gehandelte Schokolade werden. Meine weiteren Erfahrungen mit der Rohkakao-Schokolade in Costa Rica verdanke ich David Wolfe, einem bekannten amerikanischen Ernährungsexperten, Rohkost-Pionier und Buchautor, der die frische Kakaobohne für die Schokoladenküche entdeckte und uns in die Herstellung von Rohkakao-Schokolade einweihte.
Zurück in Deutschland ließ mich die Idee nicht los, gesunde, naturbelassene Schokolade in die Küchen meiner Freundinnen und Bekannten zu tragen. Mit einem Grundrezept für Rohkakao-Schokolade in der Tasche hatte ich schon viel experimentiert, verfeinert und veredelt. Schon bald nach unserer Reise fing ich an, Schokoladen-Seminare zu halten – und zu meiner Freude verbreitete sich die Begeisterung für Rohkakao-Schokolade recht schnell. Da es nicht immer leicht war, die nötigen Rohstoffe in guter Qualität für meine Schokoladenproduktionen und für die Seminare zu erhalten, wurde aus einer kleinen Idee ein größerer Plan. 2011 gründete ich eine Firma, in der Zutaten für die Rohkakao-Schokolade sowie unterschiedliche rohe Edelkakaos erhältlich sind.

Regelmäßig reise ich auf die Kakaoplantagen, die mich beliefern, um den persönlichen Kontakt zu den wirtschaftenden Bauern und Bäuerinnen zu pflegen. Dabei vergewissere ich mich vor Ort über die Anbaubedingungen und die Qualität des Kakaos. Zusammen mit den Plantagenbesitzerinnen entwickle ich neue Möglichkeiten, die rohe Kakaobohne in ihrem ganzen Potential für die Herstellung von Schokolade zu erhalten. Mir liegen die Nachhaltigkeit des Kakaoanbaus sowie seine Integration in das Ökosystem sehr am Herzen. Gerade die direkte Zusammenarbeit mit den Kleinbauern vor Ort ist das Fundament für die nachhaltige, fair gehandelte und biologisch einwandfreie Schokolade. Faszinierend bleibt für mich, wie gesund Rohkakao-Schokolade ist. Keine andere Frucht vereint in sich so viele Nährstoffe wie die Kakaobohne. Es sind allein über 300 Vitalstoffe – auf so kleinem Raum wohlgemerkt! Es ist mir ein großes Anliegen, die naturbelassene Kakaobohne in all ihrer gesundheitsfördernden Kraft wieder zu entdecken. Nebenbei eröffnet sich uns ein neuer, unvergleichlicher Genuss, der des puren Kakaos.
Glück, das man essen kann.

Der Beginn einer engen Zusammenarbeit und einer herzlichen Freundschaft

Reise in die Welt des Kakaos

Die Geschichte des Kakaos

Erste Zeugnisse vor 3000 Jahren

Wer glaubt, die Liebe zur Schokolade sei nur flüchtiger, moderner Natur, irrt sich gewaltig. Mindestens 3000 Jahre währt bereits die Beziehung zwischen Mensch und Kakao. Tonscherben aus Honduras, die dem 12. Jhdt. v. Chr. zugesprochen werden, gelten als älteste Zeugnisse des Kakaogenusses. Darauf enthaltene Theobromin-Spuren lassen vermuten, dass die Ureinwohner Mittelamerikas das süß-säuerliche Fruchtfleisch der Kakaoschote zu Saft gepresst oder zu einem alkoholischen Getränk vergoren haben.[1] Damit verdanken wir den Olmeken, der Kultur, die zwischen 1500 und 400 v. Chr. das mexikanische Tiefland bevölkerte, die Entdeckung des Kakaos und die Liebe zur Schokolade.

Kakao – spiritueller Lebensbegleiter der Maya

Der Kakaogott der Maya Ek Chuah

Für die Hochkultur der Maya (Blütezeit von 250 bis 900 n. Chr.) versinnbildlichte der Kakaobaum den Kreislauf des Lebens. Seine Früchte hatten eine spirituelle Rolle inne und wurden als Beigaben zu religiösen Anlässen gereicht: aus Kakao wurde ein Art Weihwasser für Neugeborene, ein zeremonielles Getränk bei Hochzeiten und eine Grabbeigabe für die Reise ins Jenseits bereitet. Es spricht für sich, dass die Maya in Ek Chuah einen mächtigen Kakaogott verehrten, der Fruchtbarkeit sowie Zerstörung bringen konnte. Einmal im Jahr wurde ihm zu Ehren ein Fest gefeiert, bei dem Kakao nicht wie üblich dem Adel vorbehalten war, sondern in rauen Mengen gereicht wurde.

Man nimmt heute an, dass die Maya dazu geröstete Kakaobohnen zerrieben, mit heißem Wasser aufgossen und das Ganze mit einer Zugabe an Maismehl schaumig rührten.
Gewürzt mit Chili, Vanille, wildem Honig oder Achiote, eine Frucht, die den Kakao ziegelrot färbt, mag daraus ein auch im modernen Sinne annehmbares Getränk hergestellt worden sein. Zur Kakaoverarbeitung gehörten ebenso eine große Bandbreite an Kakao-Breien, -Grützen und –Getränken, die heiß, kalt oder lauwarm, in flüssiger oder fast fester Form genossen wurden.

Eine Indio-Frau aus Panamas stellt Trinkschokolade in alter Mayatradition her

Auch heute noch stellen die Ureinwohner Panamas ihre Trinkschokolade her wie vor mehr als tausend Jahren die Mayas: Die Kakaobohnen werden unter Rühren auf dem offenen Feuer in einer Metallschüssel geröstet, anschließend wird die Schale der Bohnen entfernt. Die gerösteten Kakaobohnen werden auf dem sogenannten Metate-Stein zu einer Paste zerrieben und zu einem Klumpen zusammengedrückt. Für die Trinkschokolade werden

von diesem Schokoladeklumpen kleine Stückchen abgeschabt und in heißem Wasser aufgelöst.

Das „Gold" der Azteken

Die Azteken, die ab 1200 n.Chr. die zentralen Hochtäler Mexikos bevölkerten, hatten nie selbst Kakao angebaut. Dazu war das Klima ihres Stammlandes einfach zu frostig. Dennoch – oder gerade deshalb – galten Kakaobohnen als besonders wertvoll. Die schwarzen Bohnen kamen zunächst als Handelsware oder als Tributzahlung ins Land. Sie wurden verarbeitet und als Getränk dem Adel gereicht, den Kriegern als nahrhafte Speise und dienten den Priestern als rituelle Opfergabe. Vor allem aber waren Kakaobohnen bares Geld. Wie schon ansatzweise bei den Maya, dienten Kakaobohnen den Azteken als Währung. Kakao symbolisierte Reichtum und Wohlstand und etablierte sich rasch als Genussmittel der Elite und als vorherrschende Wäh-

rung. Dies dokumentiert eine Preisliste aus dem Jahr 1545:
„Eine große Tomate entspricht einer Kakaobohne, eine frisch gepflückte Avocado 3 Bohnen. Ein Truthahn ist 200 Kakaobohnen wert. Eine Prostituierte oder ein Sklave dagegen 100 Kakaobohnen."[2]
Die Schatzkammern des letzten Aztekenkönigs, Montezuma, waren voll des begehrten dunklen Goldes. Möchte man den Überlieferungen der spanischen Eroberer glauben, lagerten im königlichen Kakao-Magazin mehrere hundert Millionen Bohnen. Montezuma selbst konnte es sich daher leisten, in „Geld" zu baden und jeden Tag bis zu 50 Becher Kakao zu trinken. Ein Privileg, das er besonders dann in Anspruch nahm, wenn er vorhatte, seinen – ebenso reichlich ausgestatteten – Harem zu besuchen. „Schokolade ist der Göttertrank, der Widerstand aufbaut und Müdigkeit bekämpft", soll Montezuma in Bezug auf seine Krieger gesagt haben. „Eine Tasse von diesem kostbaren Getränk erlaubt einem Mann, einen ganzen Tag ohne Nahrung zu marschieren."[3]

Zeichnung aus dem 16. Jahrhundert: Eine Mexikanerin bei der Zubereitung von Trinkschokolade

Da naturgemäß nicht jeder Azteke über dementsprechende Kakaovorräte verfügen konnte, war trotz Androhung der Todesstrafe viel „Falschgeld" in Umlauf. Manches Imitat aus Ton hielt die scheinbare Natur einer Kakaobohne bis in die Neuzeit aufrecht, andere Fälscher griffen zu Pflanzenfarben oder Asche, um Samen zu färben oder die Schalen von Kakaobohnen unlauter zu füllen. Worin sich die Azteken jedoch nicht täuschen ließen, war in der Qualität ihres kostbaren Kakaogetränks: die Schaumkrone war unverzichtbarer Bestandteil des Genusses. Wenn die Azteken auch das Getränk lieber kalt als heiß verzehrten, waren sie sich

Kakaobohnen waren bei den Azteken bares Geld.

in diesem Punkt mit den Maya einig: unzählige Male wurde der Kakaotrunk gequirlt, auf- und umgeschüttet und zum Sprudeln gebracht, bis die Schaumschicht eine ansehnliche Größe erreicht hatte. Durch die Zugabe verschiedenster Gewürze und Aromastoffe erhielt das Kakaogetränk dann seine besondere Note: Vanille und Chili fehlten fast nie, Pfeffer- und Honigschokolade wurde getrunken, getrocknete Blüten und herzhaftes Piment beigemengt – in der Liste der Zugaben spiegelt sich der Reichtum des tropischen Tieflands.

Entdeckung der Neuen Welt

Christoph Columbus hielt Kakaobohnen zunächst für eine Art Mandel.

Um es gleich vorweg zu nehmen: Christoph Columbus hat nie Schokolade getrunken. Auf der Suche nach dem Seeweg nach Indien und den sagenumwobenen Goldschätzen blieb er zu Lebzeiten ahnungslos gegenüber der Bedeutung, die die Kakaobohne in der Neuen Welt besaß. Er begegnete ihr sehr wohl, wie sein Chronist und Sohn Ferdinand Columbus berichtete. Es war an einem Augusttag im Jahr 1502, während der vierten Amerikareise, als Columbus' Schiffe in jenem Gebiet vor Anker gingen, das man heute Islas de la Bahía nennt. Dort trafen sie auf zwei Kanus, riesenhafte Einbäume, die mit Menschen und Waren beladen waren, vermutlich Handelsschiffe der Maya, die ohne weiteres Aufheben von den Spaniern gekapert wurden. Ferdinand erzählt sehr ausführlich:
„Zu den Nahrungsmitteln, die sie mit sich führten, zählten [...] viele von diesen Mandeln, [...]. Diese Mandeln schienen ihnen sehr viel wert zu sein, denn als sie mit ihren Gütern zusammen an Bord gebracht wurden, beobachtete ich, dass sie, sobald eine dieser Mandeln auf den Boden fiel, sich allesamt hinabbeugten, um sie aufzuheben, so als ob ein Auge heruntergefallen wäre."[4]

Heute ist sich die Forschung einig, dass hier die Alte Welt zum ersten Mal der Kakaobohne begegnete. Da kein Dolmetscher zur Stelle war, blieb das Geheimnis um die kostbare „Mandel“ jedoch weitere zwei Jahrzehnte gut behütet. Und mehr als 80 Jahre sollte es noch dauern, bis das erste mit Kakao beladene Handelsschiff Europa erreichte. Noch 1579 verbrannten etliche Tonnen Kakao einer Schiffsladung, weil englische Seeräuber diese für Schafsmist gehalten hatten. Doch der Weg war beschritten, der Schokolade zum modernen Genussmittel, zur süßen Versuchung schlechthin werden ließ.

Ende des 16. Jahrhunderts kamen die ersten Schiffsladungen mit Kakaobohnen nach Europa.

Kakao erobert Europa

Hernán Cortés (1485-1547), spanischer Eroberer Mittelamerikas, erkannte schließlich die Bedeutung der Kakaobohne als Zahlungsmittel. Er ließ Kakao großflächig anbauen und konnte damit seinem Geld regelrecht beim Wachsen zusehen. Leider brachte er der Währung auf diese Weise auch die Inflation. 1536 führten die Spanier den Peso in den eroberten Gebieten ein. Die besondere Stellung als Getränk des Adels und der Elite verlor der Kakao indes nicht. Der Beliebtheit des Kakao kam zuhilfe, dass in Mexiko das Zuckerrohr eingeführt wurde. Die Vermischung von Zucker und Kakao erwies sich als Geschmacksrevolution und machte Kakao, als Heißgetränk oder kalt geschäumt, verträglich für den europäischen Gaumen.
In süßer Form, mit Zucker statt Chili und einem Schuss Sahne, hielt der Kakao Einzug in Europa und erfreute sich rasch großer Beliebtheit am spanischen Hof. Mit dem Kakao eröffnete sich für die alten Europäer ein völlig neues Geschmackserlebnis, kannte man vor der Einführung von Tee oder Kaffee doch kein anderes Getränk mit adstringierenden Geschmacksnoten, also dem herben, „zusammenziehenden“, ja anregenden Gefühl auf Zunge

und Gaumen. Gerade die Frauen des höfischen Adels verfielen der neuartigen Versuchung und ließen sich den Kakaotrunk ans Bett, in die Messe oder zum „Kakaostündchen“ servieren.
Vom spanischen Hof breitete sich das Luxusgetränk Kakao in wenigen Jahrzehnten beim französischen und italienischen Adel aus. Man kannte und verheiratete sich untereinander und wollte sich in höfischen Dekadenzen in nichts nachstehen. So erlebte die Trinkschokolade einen Höhepunkt am Hof des französischen Sonnenkönigs Ludwig XIV.
Neben den Netzwerken des Adels verbreiteten auch die Mönche, unter ihnen vornehmlich die Jesuiten, das Wissen um Kakao in ganz Europa. Sie trieben selbst regen Handel mit der wertvollen Bohne und erprobten in ihren Klöstern Heilwirkung und Zubereitung. Die Verbreitung des Kakaos gelang vor allem, nachdem Kardinal Laurentius Brancati (1612-1693) den kirchlichen Streit um die Rolle des Kakaotrinkens während der Fastenzeit mit dem weisen Satz schlichtete: „Flüssigkeit bricht das Fasten nicht.“
Anders als Spanier oder Franzosen, wo Trinkschokolade allein dem Adel vorbehalten war, hielten es die Engländer mit dem Kakaogenuss. Dort war Kakao allen zugänglich, die es sich leisten konnten, und ihn in Kaffeehäusern oder „chocolate houses“ trinken möchten. Im Land der Händler und Geschäftsleute war „Schokolade im Begriff, demokratisiert zu werden“.[5]

„Wer eine Tasse Schokolade getrunken hat, der hält einen Tag auf Reisen aus. Ich tue es immer, seit Herr von Humboldt es mir geraten hat.“
J. W. von Goethe

Schokolade in Deutschland – „grammweise zur Venus-Lust“

Im späten 17. Jahrhundert lernten auch die Deutschen das exotische Getränk kennen und näherten sich ihm mit Bedacht. Schokolade wurde zunächst als stärkende Arznei und nur grammweise in Apotheken verkauft. Sein lasterhafter Ruf wurde ins Gute gekehrt, von einer kräftigenden, schmerzlindernden, ma-

genfreundlichen und selbst aphrodisierenden Wirkung war nun die Rede. Erst allmählich und unter dem Vorwand der Gesundheitsvorsorge setzte sich die Schokolade auch als Genussmittel durch. So ließ Goethe (1749 - 1832), Deutschlands berühmtester Dichter und Schokoladeliebhaber, wissen:
„Wer eine Tasse Schokolade getrunken hat, der hält einen Tag auf Reisen aus. Ich tue es immer, seit Herr von Humboldt es mir geraten hat."[6]
Auf Umwegen und mit der Rückversicherung auf so respektable Leute wie den berühmten Naturforscher Alexander von Humboldt war die Schokolade auch in Deutschland hoffähig geworden. Denn sie war und blieb teuer und exquisit, als Luxusgut mit hohen Zöllen belastet, und nur servierfähig in eigens hergestellten Porzellan-Hochhenkeltassen oder Deckelbechern mit kragenförmigen Untertassen.

Die Schokoladenfabrik – Industrielle Revolution und Schokoladentafel

Bis ins späte 18. Jahrhundert hinein war Schokoladenherstellung reine Handarbeit. Geröstete Kakaobohnen wurden geschält, zerkleinert und zu einer pastenartigen Masse zerrieben. Man trank Schokolade ausschließlich und man trank sie heiß, in Wasser, Milch, Wein oder Branntwein (!) aufgekocht und aufgeschäumt. So kann man sich auch den Betrieb der ersten deutschen Schokoladen-Manufaktur vorstellen, die 1780 im niedersächsischen Steinhude entstand. Doch erst im 19. Jahrhundert, mit dem Beginn der Industriellen Revolution, der Erfindung der Dampfmaschine und dem Wegfall der Binnenzölle, wandelte sich das Luxusgut zum Genussmittel der Masse.
Wegweisend war dabei zunächst die Erfindung des niederländischen Apothekers van Houten, der 1828 eine hydraulische

Van Houten entwickelte 1828 eine hydraulische Presse, mit der Kakaobutter und Kakaopulver aus den Bohnen hergestellt werden konnte.

Presse entwickelte, mit der die Kakaobutter den Bohnen entzogen werden konnte. Es entstand der Kakaopresskuchen, der zu feinem, entöltem Pulver zerrieben den Weg zur Instant-Trinkschokolade frei machte.

Fast drei Jahrtausende lang wurde Schokolade ausschließlich als Getränk genossen. 1847 sollte sich dies ändern.

Fast drei Jahrtausende lang wurde Schokolade ausschließlich als Getränk genossen. 1847 sollte sich dies ändern. Die englische Firma Fry & Sons entwickelte eine Methode, Kakaopulver mit Zucker und Kakaobutter zu vermischen. Diese, in erhitztem Zustand zähflüssige Masse, ließ sich leicht in Form gießen und wurde bei Abkühlung jedoch fest – die erste Schokolade zum Abbeißen. Die Herstellung von Schokolade mit einheitlichem Gewicht und Aussehen war dann nur noch eine Frage der Zeit und wurde mit der Erfindung der Eintafelanlage besiegelt.

Einer Nachlässigkeit ist es 1879 zu verdanken, dass Schokolade heute in zartschmelzender Rezeptur auf der Zunge zergeht. Die Legende besagt, dass der Schweizer Chocolatier Rudolph Lindt bei der Schokoladeherstellung vergessen habe, seine Rührmaschine über Nacht auszuschalten. Die erhitzte Schokolade vermischte und vermengte sich daraufhin drei geschlagene Tage lang. Das Ergebnis war eine Masse mit seidigem Glanz und zarter Konsistenz. Das Conchieren war erfunden und die Schweiz infolgedessen zum bedeutendsten Schokoladenproduzenten der Welt aufgestiegen. Denn ebenfalls dort und fast zeitgleich mengte der Fabrikant Daniel Peter 1875 seiner Schokolade Milchpulver bei und „erfand“ damit die erste feste Milchschokolade, die er mit durchschlagendem Erfolg 1878 auf der Pariser Weltausstellung präsentierte.

Zum Anfang des 20. Jahrhundert war Schokolade zu einem allgemeinen Konsumgut geworden. Schokoladenfabriken mit mehreren tausend Arbeitern etablierten sich, wie das Schweizer Unternehmen Lindt & Sprüngli oder das Kölner Schokoladenunternehmen Stollwerck. Es entwickelten sich Namen und Marken, Sportlerschokoladen, Fliegerschokoladen oder Frühstücksschokoladen. Schokolade ist heute Massenprodukt und Kultobjekt, das seine Erlesenheit längst verloren hat. Sie verspricht zarte Versuchung, Spiel und Spannung oder eine Extraportion Milch. Was wirklich in der Schokolade steckt, regelt und kontrolliert allerdings bis heute die im Jahr 1933 erlassene Kakaoverordnung. Sie macht es auch möglich, dass heutzutage nicht mehr viel des braunen „Aztekengoldes" in einer Tafel Vollmilchschokolade zu finden sind: nur noch 30% davon ist Kakaomasse (davon kann noch ein Teil der Kakaobutter durch pflanzliche oder tierische Fette ersetzt sein). Zu 70% besteht Vollmilchschokolade aus Zucker, Milchpulver und Sojalecitine. Der Ehrlichkeit halber müsste dieses Produkt nicht mehr Schoko-, sondern „Zuckerlade" genannt werden!

Schokolade ist heute Massenprodukt, das seine Erlesenheit längst verloren hat.

Transparenz und Nachhaltigkeit im 21. Jahrhundert

Zeit also, dem Kultobjekt auf den Zahn zu fühlen: Wo der industrielle Herstellungsprozess dem Konsumenten keine Transparenz, keine Nachhaltigkeit und keine Nähe zu den Rohstoffen mehr zugesteht, ist es Zeit zum Umdenken. Der Wunsch nach Ursprünglichkeit und Natürlichkeit unserer Lebensmittel ist verständlich. Wir wollen wieder selbst bestimmen, wie unsere Schokolade aussieht und welche Zutaten sie enthält. Wir wollen unsere Schokolade auch wieder selbst herstellen können - aus reinen, gesunden und fair gehandelten Zutaten. Und wir wollen mitbestimmen am Kreislauf unserer Lebensmittel, von den Umständen auf den Plantagen bis zur Art der Verpackung. Das ist der Weg des 21. Jahrhunderts.

Der Kakaobaum – göttliches Gewächs und wundersames Dschungelkind

Über keine andere Pflanze und ihre Frucht, die ihren Weg von der Neuen Welt in die Alte gefunden hat, ist ähnlich viel geschrieben worden wie über diesen Baum. Gerade um seine Früchte und die daraus gewonnene Schokolade spinnt sich ein Mythos von Verführung und Versuchung bis ins Heute. Wo aber Schokolade denn nun eigentlich „wächst" und von welch wunderbar-sonderbarem Baum sie stammt, davon ist dem Schoko-Normal-Liebhaber wenig bekannt. Dabei bedienten sich schon die Götter an den Früchten des Kakaobaums. So suggeriert es jedenfalls die botanische Bezeichnung Theobroma cacao, die der schwedische Naturwissenschaftler Carl von Linné dem Kakaobaum 1753 gab: „Speise der Götter".

Der knorrige Kakaobaum ist ein anspruchsvoller Bewohner der Regenwälder rund um den Äquator. Er gedeiht nur hier, im feucht-warmen Klima des

Tropengürtels. Gleichmäßige Wärme, schwüle Luft und feuchte Böden sind ihm unerlässlich. Außerdem ist er nicht gern allein: besonders gut gefällt es ihm im Schatten und in der Gesellschaft anderer Gewächse, zwischen Avocadobäumen, Bananenstauden und Kokosnusspalmen. Die so genannten „Kakao-Mütter" spenden ihm Schatten und schützen vor Wind und Erosion. Dann kann es der immergrüne Baum selbst zu einer stattlichen Größe von fast 15 Metern und einer breiten Krone aus schwertartigen Blättern bringen. Auch die Bestäubung seiner zigtausenden Blüten erfolgt im Miteinander der Dschungelwesen: am besten gelingt diese durch kleine Insekten, die im Moder des verwesenden Unterholzes leben. Nach 6 Monaten werden aus den Blüten Rugby-Ball große, vielfarbige Kakaoschoten, die nicht, wie wir es von unseren europäischen Obstsorten kennen, an den zarten Enden der Äste wachsen, sondern direkt am Stamm hängen. Diese Eigenheit ist typisch für den Kakaobaum und zugegebenermaßen auch sehr praktisch. Immerhin wiegt eine reife Kakaofrucht gut ein halbes Kilogramm. Kakao gedeiht somit am besten in einer Mischkultur, die dem stufenweisen Aufbau des Regenwalds entspricht. Damit ist er sogleich Sinnbild für ein gut funktionierendes Ökosystem.

Kakao wird heute vor allem in Westafrika, Indonesien, Brasilien und Ecuador angebaut. Dort, wo er in Monokul-

Die zauberhaften, winzigen Kakaoblüten blühen nur zwei Tage lang. In dieser Zeit muss die Bestäubung durch Mücken und Insekten des modrigen Unterholzes erfolgen

turen wächst, müssen die Bäume gestutzt, erheblich Dünger und Pestizide eingesetzt und die Blüten von Hand bestäubt werden. Dabei eignet sich der Kakaobaum gerade in Mischkulturen für den biologischen Anbau von Kleinbauern. Dann kann auf chemische Mittel ganz verzichtet werden.

Kakaoschoten unterschiedlicher Reife

Kakaoblüten am Stamm

Farbtupfer im Regenwald:
Die Kakaoschoten eines Baumes können ganz verschiedene Formen und unterschiedliche Farben haben

Aus meinem Reisetagebuch:

Wo ist die Plantage?
Im Nordwesten von Panama erstreckt sich entlang der Karibikküste die Provinz Bocas del Toro. Dort liegen die beiden Kakaoplantagen, die Jim und Dorothy im Jahr 2005 erwarben. Die Vorbesitzer hatten den Wald nicht bestellt, und der undurchdringliche Dschungel war schon dabei, sich sein Land zurück zu erobern. Dorothy und Jim ließen, wo nötig, Bäume fällen und den Boden lichten. Die Kakaobäume, die zu Tage kamen, waren teilweise über hundert Jahre alt und begannen erneut Früchte zu tragen.
Als ich Dorothy 2011 besuchte, um ihren Kakao kennenzulernen, war mein erster verblüffender Eindruck: Wo ist sie denn, die Kakaoplantage? Ich stand mittendrin und sah nur dicht bewachsenen Urwald, Baumriesen, Bananenstauden und eine große Vielfalt mir unbekannter Pflanzen. Überall entdeckte ich Tiere: Tukane und Eidechsen, ein Faultier, das unbeweglich am Baum hing, und riesige blaue Morphofalter, die ständig hin und her flatterten. Ein neongrün gestreifter Pfeilgiftfrosch kreuzte meinen Weg und überall zwitscherten Vögel. Inmitten dieses lebendigen Miteinanders wuchsen majestätisch die Edelkakaobäume der Sorte Criollo und Trinitario. Die Kakaofrüchte schimmerten im Hintergrund des satten Grüns des Urwaldes in vielen unterschiedlichen Farben: gelb, rot, orange, grün und violett. Hier schien mir die Natur in ihrer ursprünglichen Kraft ganz nahe zu sein. Auf Dorothys Farm, diesem unberührten Teil der Erde, wurden noch niemals Dünger oder Pestizide ausgetragen, es gibt keine Elektrizität, keine Straßen, keine festen Häuser, keine Flugzeuge, keine Maschinen, nur Bambushütten und Boote, um die Kakaofrüchte auszuliefern. Alle Arbeiten werden von Hand erledigt, Maschinen gibt es nicht.

Auf der Kakaoplantage: Ernte und Verarbeitung

Ernte

In einem Lebensraum ohne Jahreszeiten ist nichts Ungewöhnliches daran, wenn ein Baum gleichzeitig Tausende von Blüten sowie Früchte unterschiedlicher Reifestadien trägt. Fünf bis sechs Monate lang reifen die Kakaoschoten am Baum, bis zu 50 sind es in einem Jahr, jede 15 bis 30 cm groß. Die reifen Früchte fallen jedoch nicht einfach vom Stamm. Auch hier ist der Kakaobaum für die Verbreitung seines Samens auf die Mithilfe größerer Tiere, wie zum Beispiel der Affen angewiesen, die es vor allem auf das süße Fruchtfleisch der Schoten abgesehen haben.
Kakaofrüchte werden wie vor hunderten von Jahren von Hand geerntet. Der erfahrene Kakaobauer weiß vom bloßen Ansehen um die Reife seiner Früchte. Der Laie kann sich vergewissern, indem er die Frucht schüttelt. Wenn im Innern eine leichte Bewegung, ein dumpfer Schlag zu hören ist, kann man die Frucht ernten. Mit der Machete schneidet sie der Kakaobauer vorsichtig vom Stamm und öffnet sie dann mit einem gezielten Schlag.
Zum Vorschein kommen keine braunen Schokoladenbohnen, sondern zunächst weißes, weiches und süßlich schmeckendes Fruchtfleisch, Pulpa genannt. Die Kakaobohnen sind in diese Pulpa gehüllt und in fünf Längsreihen um einen Stiel angeordnet. Die Konsistenz und der Geschmack der Pulpa erinnern an Litschis. Die Pulpa wird von den Plantagenarbeiter und deren Kindern gern gelutscht und gekostet. Die harten Samen, unsere wertvollen Kakaobohnen, spucken sie dabei aufgrund ihres bitteren Geschmacks meist aus.

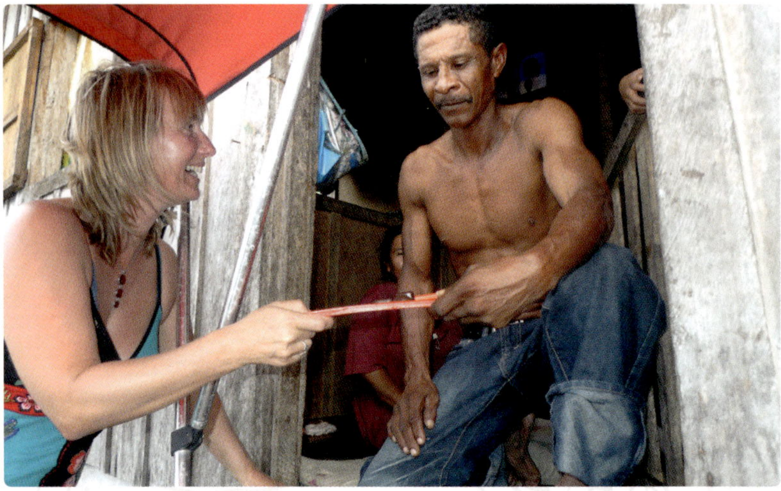

Aus meinem Reisetagebuch:

Verständnislos, fast entsetzt schauten mich die einheimischen Plantagenarbeiter an, als ich das Fruchtfleisch mitsamt der Kakaobohne verzehrte. ‚Warum sollte man diese bitteren Bohnen essen, wenn es doch so viele süßen Früchte gäbe: Mangos und Bananen zum Beispiel?' Ebenso irritiert reagierte dann auch ich, als ich hörte, dass gerade sie in ihrem Leben noch nie Schokolade gegessen hatten.

Fermentation

Die Kakaobauern öffnen nach der Ernte die Schoten unter dem Baum und holen das weiße Fruchtfleisch samt Bohnen aus der harten Schale heraus. In Eimern oder Säcken werden die Bohnen zum Fermentationsplatz gebracht und in hölzerne Kisten geschüttet, die mit Bananenblättern ausgelegt sind. In Afrika werden die Kakaobohnen traditionell zu Haufen aufgeschüttet und mit Blättern abgedeckt. Zweck der Fermentation ist es, einen Reifungsprozess zu initiieren, bei dem der Zucker des Fruchtfleisches mit Hilfe von Mikroorganismen zu gären beginnt. Aus dem Zucker entsteht Ethanol und anschließend Essigsäure, die den Keim abtötet und die Bohne lagerfähig macht. Während der Fermentation entwickeln sich bestimmte Aromastoffe, die wir in der Schokolade so sehr lieben. Die Temperatur kann während dieses Gärungsprozesses jedoch auf über 70°C ansteigen und viele Vitalstoffe zerstören.

Für die Rohkakao-Schokolade werden daher nur unfermentierte Kakaobohnen und Bohnen, die unter Temperaturkontrolle (bis max. 42 Grad) leicht fermentiert wurden, verwendet.

Die Fermentation von Edelkakao kann ein bis drei Tage dauern. Die preiswerten Konsumbohnen der Sorte Forastero werden oft bis zu zwölf Tage lang fermentiert, um die bitteren Aromen zu mildern.

Während dieser Zeit müssen die Bohnen immer wieder umgeschichtet werden.

Viele Plantagenarbeiter haben keine Ahnung, was aus den geernteten Bohnen überhaupt hergestellt wird! Bis auf wenige Ausnahmen gibt es keine kakaoverarbeitenden Firmen in den kakaoproduzierenden Ländern.

Trocknung

Anschließend werden die Kakaobohnen getrocknet, um den Feuchtigkeitsgehalt der Bohnen von ca. 60% auf ca. 6% zu senken. Für diesen Trocknungsprozess wird in den meisten Gebieten die Sonnenenergie genutzt. Jetzt sind die Bohnen bereit zur Verschiffung und können mehrere Jahre gelagert werden.

Die fermentierten Kakaobohnen werden in der Sonne getrocknet und immer wieder gewendet. Schlechte Bohnen werden von Hand aussortiert. Während der Regenzeit trocknen die Bohnen unter einem Schutzdach

Kakao weltweit

Kakaoanbau

Der Kakaobaum ist mittlerweile auf der ganzen Welt entlang des Äquators beheimatet. Angestammt im Amazonasbecken Südamerikas wurde er ab dem 17. Jahrhundert rund um den Globus angepflanzt. Es ist erstaunlich, dass gerade seine Heimatländer in Mittel- und Südamerika nur noch eine untergeordnete Rolle in der Kakaoproduktion spielen.
In Afrika wird weltweit am meisten Kakao angebaut, 2011/2012 waren es rund 2,9 Mio. Tonnen Kakao. Das sind über 70% der Weltkakaoernte. Hauptlieferant ist die Elfenbeinküste, die mit einem Anbauvolumen von über 1,4 Mio. Tonnen weltweit den meisten Kakao anbaut – das ist fast drei Mal so viel wie in Mittel- und Südamerika zusammen. Danach rangieren Ghana (879 000 Tonnen) und Indonesien (450 000 Tonnen) als wichtigste Kakaoproduzenten weltweit.

Kakaoanbau im Vergleich [7]

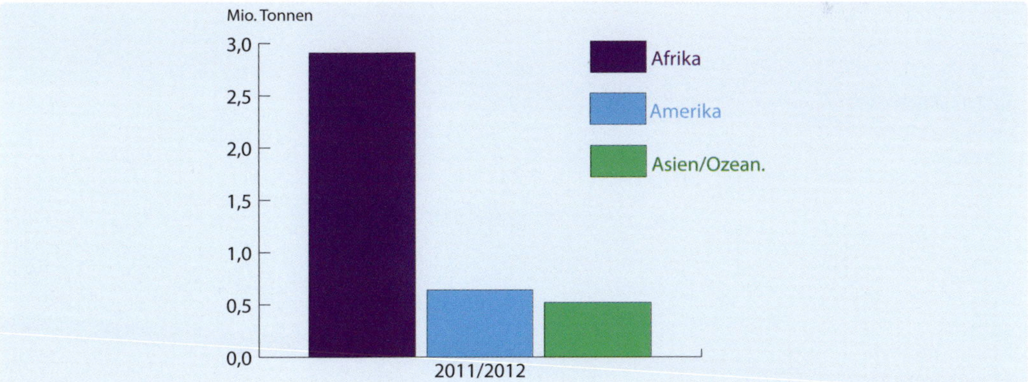

Wo aber werden Kakaobohnen verarbeitet, veredelt und wo wird Schokolade hauptsächlich verzehrt? Eine Statistik von 2011 nennt die 20 Länder der Welt, in denen die meiste Schokolade konsumiert wird, allen voran die „Schokoladen-Nation“ Schweiz mit 11,9 kg pro Einwohner im Jahr, gefolgt von Deutschland mit 11,6 kg und dem Vereinigten Königreich mit 9,7 kg. Diese Statistik macht vor allem eines klar: Schokolade wird nicht dort gegessen, wo Kakao angebaut wird. Denn die afrikanischen Länder tauchen in dieser Verbraucherliste gar nicht auf. Viele Plantagenarbeiter haben keine Ahnung, was aus den geernteten Bohnen überhaupt hergestellt wird! Bis auf wenige Ausnahmen gibt es keine kakaoverarbeitenden Firmen in den kakaoproduzierenden Ländern. Zumeist werden die fermentierten und getrockneten Kakaobohnen sofort ins Ausland exportiert. Erst in neuester Zeit entstanden Initiativen in Brasilien, Kolumbien, Ecuador und Indonesien, wo Kakao bereits im Ernteland zu Kakaobutter, Pulver oder Kakaomasse verarbeitet wird.

weltweiter Schokoladenkonsum[8]:

Land	Schokoladenkonsum in kg pro Kopf und Jahr
Schweiz	11,9 kg
Deutschland	11,6 kg
Vereinigtes Königreich(GB)	9,7 kg
Norwegen	9,4 kg
Dänemark	8,5 kg
Österreich	7,9 kg
Finnland	7,3 kg
Schweden	6,4 kg
Frankreich	6,3 kg
USA	5,6 kg
Australien	4,5 kg
Belgien	4,4 kg
Italien	3,7 kg
Irland	3,7 kg
Spanien	3,6 kg
Japan	2,2 kg

Herstellung herkömmlicher Schokolade

In herkömmlicher Schokolade sind die Kakaobohnen immer geröstet. Dauer und Temperatur des Röstvorganges bleiben ein streng gehütetes Geheimnis eines jeden Chocolatiers.

Von der fermentierten und getrockneten Kakaobohne bis zur herkömmlichen Schokoladentafel ist es ein langer Weg. Dabei unterliegt die Industrieschokolade aus dem Supermarkt einem aufwendigen Herstellungsprozess, der jahrzehntelang nur in der Schokoladenfabrik erfolgte. Große Maschinen sind vonnöten, die die Bohne in ihre wertvollen Bestandteile zerlegen und der Schokolade ihre zarte Konsistenz zu verleihen. Eine Herstellung von Schokolade zuhause, am eigenen Herd, schien lange undenkbar. Die Zubereitung ursprünglicher Schokolade aus purem Kakao wird jedoch später im Mittelpunkt dieses Buches stehen. Zur Veranschaulichung zunächst einige Worte zur Herstellung herkömmlicher Schokolade, die vielen Arbeitsschritten unterliegt:

Rösten
In der Schokoladefabrik angekommen, werden die Kakaobohnen zunächst geröstet. Das Rösten geschieht bei einer Temperatur von ca. 130°C in einem Zeitraum zwischen 20 Minuten und bis zu 2 Stunden. Das Rösten ist oft entscheidend für die Qualität einer Schokolade und streng gehütetes Geheimnis eines jeden Chocolatiers.

Brechen
Der zweite Arbeitsschritt sieht das Brechen der Bohnen vor. Dazu werden sie in der Brechmaschine grob zerstoßen und von der Schale getrennt.

Mahlen
Die geschälten Bohnen werden dann in der Kakaomühle weiter zerkleinert und gemahlen. Es entsteht die Kakaomasse.

Mischen
Zur Schokoladeherstellung werden der Kakaomasse in einem Mischer alle weiteren Zutaten beigemengt. In der Regel sind das Zucker, Milchpulver und Sojalecithin. In diesem Zusammenhang können die verschiedenen Schokoladensorten unterschieden werden. Natürlich gibt es eine Vielzahl an Kreationen, Formen und Geschmacksrichtungen. Man unterteilt Schokolade grob in Bitter- oder dunkle Schokolade, Milchschokolade und weiße Schokolade. Dunkle Schokolade hat einen Kakaoanteil von mind. 60% und wird ohne die Zugabe von Milchpulver hergestellt. Milchschokolade (35% Kakao, 40% Zucker, 25% Milchpulver) kommt unter Zugabe von Milchpulver mit einem wesentlich geringeren Anteil von Kakao aus. Weiße Schokolade hingegen enthält keine eigentliche Kakaomasse mehr, für sie werden 35% Kakaobutter, 40% Zucker und 25% Milchpulver gemischt und verarbeitet.

Zucker, Milchpulver und Sojalecithin sind gängige Bestandteile der Industrieschokolade.

Walzen
Die Schokoladenmasse wird anschließend über mehrere Walzwerke fein gewalzt. Dadurch erhält die Schokolade bereits eine cremige Konsistenz und die verschiedenen Zutaten können später nicht mehr im Einzelnen wahrgenommen werden.

Conchieren
Beim Conchieren wird die Schokolade auf bis zu 90°C erhitzt und mechanisch bearbeitet, d.h. gerührt. Dieser Prozess ist je nach Hersteller etwas unterschiedlich, kann aber bis zu 72 Stunden dauern.

Temperieren
Das Temperieren ist der letzte Arbeitsschritt für die Schokoladenmasse. Sie wird zunächst erwärmt, dann abgekühlt und

dann wieder erwärmt. Durch das Temperieren erhält die Schokolade einen seidigen Glanz und knackigen Bruch.

In Form bringen
Nun wird die Schokolade in Form gegossen oder eingetafelt. Hohlkörper, wie z. B. Schokoladenhasen, werden ausgeformt, Pralinen oder Gebäck werden mit Schokolade überzogen.

Die bekanntesten Kakaosorten sind Forastero, Criollo, Trinitario und Nacional.

Konsumkakao-Edelkakao

Bei der botanischen Spezies „Theobroma Cacao“ werden verschiedene Sorten unterschieden. Die bekanntesten sind Forastero, Criollo, Trinitario und Nacional.

Konsumkakao:
Forastero Kakaobohnen sind die neueren Züchtungen des Kakaos. Die Pflanze ist sehr widerstandsfähig gegen Krankheiten und bringt hohe Erträge. Sie wird hauptsächlich in Afrika und Brasilien angebaut. Die Kakaoschoten sind sehr groß, die Bohnen sind flach, länglich und meist dunkelviolett in der Farbe. Ihr Aroma ist jedoch herb, kaum aromatisch und von sauren und bitteren Noten geprägt. Bessere Qualitäten können auch einen blumigen oder fruchtigen Geschmack haben.
Der Forastero-Kakao ist wegen seiner Robustheit sehr beliebt und macht mehr als 80% der Welternte aus. Im Vergleich zum Edelkakao ist er wesentlich billiger. Daher verwenden die meisten Schokoladenhersteller die Forastero-Bohnen.

Edelkakao:
Edelkakaosorten wachsen am Besten in den Anbaugebieten von Mittel- und Südamerika, der Karibik, Madagaskar und auf einigen Inseln Asiens.

Criollo
Criollo-Kakao ist der ursprüngliche Kakao, den die Indianer aus den Wildformen des Kakaos gezüchtet haben. Die Schoten sind im Vergleich zum Forastero wesentlich kleiner, die Bohnen haben eine hellere Farbe und sind rundlich. Die Bäume des Criollos sind weniger ertragreich und gegenüber Krankheiten wesentlich empfindlicher. Der Criollo gilt als der Edelste unter den Kakaosorten. Er zeichnet sich durch ganz besondere, feine Aromen aus: milde, blumige, nussige und fruchtige Noten mit einem lang anhaltenden Abgang. Er ist in der Regel wenig säuerlich, kaum bitter und besitzt neben einem milden Kakaogeschmack ausgeprägte Nebenaromen. Nur 1% der Welternte sind Criollo-Bohnen. Sie erzielen auf dem Markt Kakaohöchstpreise.

Criollo-Bohnen: Sie erzielen auf dem Weltmarkt Höchstpreise.

Porcelana
Bei Porcelana-Kakao handelt es sich um eine sehr seltene Unterart des Criollos, die auch weiße Bohnen haben kann. Dieser Edelkakao ist bekannt für sein reines, lang anhaltendes Aroma mit zarten Gewürzanklängen. Manche der unreifen Schoten sind von einem durchscheinenden Grün, das an chinesische Jade oder Porzellan erinnert - daher der Name. Porcellana ist eine der teuersten und seltensten Edelkakaosorten.

Trinitario
Bei dem Trinitario-Kakao handelt es sich um eine Kreuzung zwischen dem Criollo- und Forastero-Kakao. Diese Züchtung entstand im 18. Jahrhundert auf der Insel Trinidad, als ein schwerer Orkan den Großteil der Plantagen vernichtete. Die neu eingeführten Forastero-Pflanzen vermischten sich mit den noch erhaltenen Criollo-Bäumen. Dabei entstand diese Mischform. Gute Resistenz und feines Aroma sind in dieser Bohne vereint.
Trinitario-Kakaobohnen können einen kräftigen Geschmack, eine leichte Säure und ausdrucksstarke Aromen hervorbringen.

Nacional

Der Nacional ist eine Edelkakaosorte, die sich in Ecuador entwickelte und fast ausschließlich dort angebaut wird. Seine Aromen sind besonders fruchtig und blumig. Gleichzeitig hat er einen dunklen, milden Geschmack. Selten ist er säuerlich.

Das Fruchtfleisch einer frischen Kakaoschote

Aus meinem Reisetagebuch:

Costa Rica, Pachamama: Bei dem zweiwöchigen Rohkost-Seminar von David Wolfe, das ich in Costa Rica besuchte, wurde immer wieder eine große Schüssel mit rohen Kakaobohnen gereicht. Als ich zum ersten Mal in eine Kakaobohne biss, staunte ich: daraus soll Schokolade werden? Das schmeckt ja überhaupt nicht nach Milka! Schmeckt überhaupt nicht nach irgendwas, was ich kenne. Die etwas bitteren und herben Aromen waren mir sehr fremd. Auch das Aussehen verwunderte mich: die Kakaobohne sah eher wie eine Mandel aus und innen war sie lila statt schoko-braun.
Während des Seminars kam jede halbe Stunde die Schüssel wieder an mir vorbei. Mit einiger Skepsis kostete ich immer wieder. Und siehe da, die Aromen, selbst die herbe Würze der unbehandelten Bohnen ließen mich nicht mehr los. Ich spürte bereits nach wenigen Tagen, wie gut Kakao meinem Körper tat.

Wieder zurück in Deutschland:
Diese Lust auf rohe Kakaobohnen hält unverändert an. So, wie ich früher Lust auf Milka-Schokolade hatte. Nur mit dem Unterschied, dass danach kein schlechtes Gewissen sich meldet, kein Bauch drückt und die Kilos nicht verrutschen. Nein, ich spüre sofort, welche Wohltat Kakao für mich bedeutet: ich fühle mich belebt, angeregt, klar im Kopf und gut gelaunt - auch wenn die Sonne mal nicht scheint.

Die Schoko-Revolution!

Durch starke Hitze gehen Antioxidantien, Vitamine und viele andere wertvolle sekundäre Pflanzenstoffe verloren.

Üblicherweise werden Kakaobohnen nach der Ernte fermentiert, getrocknet und geröstet. Bei der Fermentation kann die Kakaobohne auf bis zu 70°C über mehrere Tage erhitzt werden. Beim Röstvorgang wird sie einer Temperatur von bis zu 130°C für mindestens eine halbe Stunde ausgesetzt. Durch die Hitzeeinwirkung gehen allerdings Antioxidantien, hitzeempfindliche Vitamine und viele andere wertvolle sekundäre Pflanzenstoffe verloren. Zurück bleibt ein Nahrungsmittel, das seiner natürlichen Kraft beraubt ist und nur noch wenig seiner ursprünglichen Wirkung besitzt.

Um das ganze Potential der Kakaobohne mit allen positiven gesundheitlichen Auswirkungen zu erhalten, darf die Kakaobohne nicht über 42°C erhitzt werden.

Um das ganze Potential der Kakaobohne mit allen positiven gesundheitlichen Auswirkungen zu erhalten, darf die Kakaobohne nicht über 42°C erhitzt werden. Seit einigen Jahren sind aber auch rohe Kakaobohnen auf dem Markt erhältlich. Diese Kakaobohnen werden nach der Ernte nicht fermentiert oder nur ganz leicht unter kontrollierter Hitzeeinwirkung fermentiert. Anschließend werden sie unter 42°C schonend getrocknet und nicht geröstet. Daher enthalten diese Kakaobohnen unzählige Vitalstoffe und zeichnen sich durch einen sehr ursprünglichen Geschmack aus. Viele der rohen Kakaobohnen stammen aus biologischem Anbau und häufig aus Fair-Trade- oder Self-Trade-Projekten, die den Bauern wesentlich höhere Preise bezahlen und eine garantierte Abnahmemenge gewährleisten.

Rohkakao-Schokolade

Selbstgemachte Rohkakao-Schokolade wird aus Kakao, Kakaobutter, einem natürlichen Süßungsmittel, Vanille und Salz hergestellt. Sie ist frei von jeglichen chemischen Zusätzen und besteht ausschließlich aus wertvollen, lebendigen und gesundheitsfördernden Inhaltsstoffen. Rohkakao-Schokolade ist laktosefrei, glutenfrei und kann sogar auch zuckerfrei hergestellt werden. Diese Schokolade ist somit keine „Zuckerlade", die uns so häufig ein schlechtes Gewissen bereitet, sondern heilkräftiges Nahrungsmittel. Wir können diese Schokolade unserer Gesundheit wegen genießen und ihren köstlichen, ursprünglichen Geschmack lieben.

Rohkakao-Schokolade ist laktosefrei, glutenfrei und kann sogar zuckerfrei hergestellt werden.

Edelkakaosorten – Vielfalt des Tropengürtels

Roher Kakao kann ganz unterschiedlich in Farbe und Form aussehen:

Diese Criollo-Kakaobohne stammt aus Sri Lanka. Sie ist weiß, da sie sehr viel Fruchtfleisch besitzt. Innen ist sie lila, ein Zeichen, dass sie nicht erhitzt wurde und viele Antioxidantien besitzt. Das milde, herbe Aroma der Bohne vereint sich mit der zarten Süße des Fruchtfleisches, das an getrocknete Mangos erinnert und viele Zitrusaromen enthält. Diese Bohne eignet sich zum Naschen zwischendurch, als Pausensnack in einer Nuss-Frucht-Mischung, im Müsli oder für eine leichte fruchtige Schokolade

Ein Criollo aus Peru, der geringfügig fermentiert wurde und daher kaum Fruchtfleisch besitzt. Die besonderen Geschmackseigenschaften dieses edlen Kakaos sind: wenig säuerlich, kaum bitter, milder Kakaogeschmack mit ausgeprägten Nebenaromen.

Ein Trinitario-Edelkakao aus Panama. Die vollreifen Früchte werden direkt nach der Ernte in einem Dörrapparat 48 Stunden lang schonend getrocknet. Eine kräftige Bohne mit herben, leicht bitteren Aromen und einer Kaffeenote im Abgang.

Dieser Trinitario-Edelkakao aus Kamerun wurde in der gesamten Dolde getrocknet. Die Bohnen schmecken würzig und herb, die vielen Fruchtaromen des Fruchtfleisches runden den Geschmack ab.

Diese Bohne stammt aus Bali und wurde unter kontrollierter Temperatur leicht fermentiert. Das Fruchtfleisch wurde von Hand entfernt. Sie besitzt den typischen Bali-Geschmack: intensive erdige Aromen, die an Waldboden erinnern.

Kakaonibs sind der Bruch der ganzen Kakaobohne. Die rohen Bohnen werden leicht fermentiert, damit sich die Fruchtschale löst. Die geschälten Bohnen werden zu 2-5mm großen Stückchen zerkleinert. Nibs sind meist etwas billiger als ganze Bohnen.

Fair Trade ist fairer Genuss

FAIRTRADE

Das Fair-Trade Gütesiegel

Eine 100-Gramm-Tafel Schokolade kostet im Supermarkt durchschnittlich 70 Cent. Davon erhält ein westafrikanischer Kakaobauer gerade einmal 3 Cent[9]. Zu wenig, um die Familie zu ernähren, Kinder auf eine Schule zu schicken oder die Plantage langfristig und nachhaltig zu bewirtschaften. Viel zu wenig gar, um selbst je einmal Schokolade zu kosten. Kakao anzubauen, bedeutet ein Leben in Armut, Arbeit und Sorge. In den Genuss der Schokoladenseiten kommen andere. Um sich dieses schreiende Ungleichgewicht zu verdeutlichen, lohnt es sich, einen Blick exemplarisch in das Land zu werfen, das weltweit den meisten Kakao exportiert: die Elfenbeinküste. Mehr als ein Drittel des weltweit gehandelten Kakaos stammt aus dem Süden dieses westafrikanischen Landes.

Schmutziger Kakao

Eine 100-Gramm-Tafel Schokolade kostet im Supermarkt durchschnittlich 70 Cent. Davon erhält ein Kakaobauer gerade einmal 3 Cent.

An der Elfenbeinküste wird Kakao hauptsächlich in kleinbäuerlichen Betrieben angebaut, die nur wenige 100 Kilogramm Kakao pro Jahr ernten. Diese Kleinbauern sind gezwungen, ihre Ernte an Zwischenhändler zu verkaufen, die sie als einzige abgelegene Sammelstellen anfahren und die als Bindeglied zwischen Bauern und Kakaomarkt fungieren.

Die Kakaobauern selbst verfügen meist über keine Transportmöglichkeiten und sind damit völlig abhängig von dem Preis, der ihm vom Aufkäufer angeboten wird. Oftmals wissen die Bauern nicht, was ihre Früchte auf dem Weltmarkt überhaupt wert sind, und sie sind den Preisschwankungen völlig ausgeliefert. Eine Verhandlungsgrundlage besitzen sie nicht. Das einzige, was sie beeinflussen können, sind die Kosten für die Arbeit auf der Plantage. Um zu überleben, ist es üblich, dass Kinder schon ab einem Alter von fünf Jahren auf den Pflanzungen der Familie mitarbeiten müssen. Nach Schätzungen des US Department of Labour im Jahr 2009 arbeiten in der Elfenbeinküste 1,3 Millionen Kinder unter 14 Jahren, fast die Hälfte von ihnen hat keinen Zugang zu Schule und Bildung[10]. Die Plantage erweist sich als Endstation. Aber es sind nicht nur die eigenen Kinder, die sich auf den Pflanzungen schinden. Greenpeace vermutet, dass rund 250 000 Kindersklaven ohne familiäre Bindung für die Kakaoproduktion unter schlimmsten Bedingungen arbeiten. Menschenhändler schmuggeln Kinder aus Burkina Faso, Mali, Benin und anderen der ärmsten afrikanischen Staaten über die Grenze und verkaufen sie für rund 80 US$ an Kakaoplantagen[11]. UNICEF schätzt, dass jährlich 200 000 Kinder in Westafrika Opfer von Menschenhändlern werden[12]. Sie schuften ohne Bezahlung, erhalten gerade so viel zu essen, dass sie nicht verhungern, werden eingesperrt und arbeiten unter gefährlichsten Umständen: viele tragen die Wunden, die ihnen die Arbeit mit der Machete oder mit dem ungeschützten Einsatz von giftigen Pestiziden zufügten bis zu ihrem oft jähen Lebensende. Was aus Kakao eigentlich hergestellt wird oder wie Schokolade gar schmecken mag, wissen sie nicht.

> Um zu überleben, ist es üblich, dass Kinder schon ab einem Alter von fünf Jahren auf den Pflanzungen der Familie mitarbeiten müssen.

> Menschenhändler schmuggeln Kinder aus den ärmsten afrikanischen Staaten und verkaufen sie.

Kakao ist vor allem ein knallhartes Geschäft

Was dann auf dem Weg von der Plantage zum Verschiffungshafen für undurchsichtige Geschäfte ablaufen, kann man nur vermuten: Milizen erheben Gebühren auf Straßensperren, Rebellen verlangen Zölle und Regierungsbehörden fordern undurchsichtige Steuern und Abgaben. Ein Bericht von 2005 eines UN-Komitees deckte auf, dass ein Fünftel des ivorischen Militärhaushaltes von den Kakaobehörden des Landes finanziert wurde![13] Ebenso ver-

dient die Gegenseite am Kakao: Die Menschenrechtsorganisation Global Witness veröffentlichte 2007 einen Bericht, dem zufolge die Rebellen den Bürgerkrieg der Elfenbeinküste mit Geldern aus dem Kakaohandel finanziert haben.[14]
Weiterhin verdienen Zwischenhändler und Börsenmakler am Kakao genauso wie multinationale Schokoladenkonzerne, die die Abnahmepreise bedingungslos drücken, um Schokolade in den Industrienationen mit großen Gewinnen zu verkaufen. Gerade wir Deutschen konsumieren pro Jahr rund 11 Kilogramm Schokolade pro Kopf. Zu welchem Preis!
Die Zwischenhändler liefern an große Exportfirmen, von wo aus der Kakao von wenigen sehr großen, internationalen Handelshäusern vermarktet und kontrolliert wird. Kakao wird üblicherweise an der Warenterminbörse als Termingeschäft gehandelt: Spekulanten und Makler kaufen eine Kakaoernte oft schon zwei Jahre im Voraus, um sie dann zu höheren Preisen wieder verkaufen zu können. So wechselt der Kakao, den Kleinbauern an der Elfenbeinküste in mühsamster Arbeit ein Jahr später erst ernten werden, schon viele Male den Besitzer. Und so sind schon manche Spekulanten bereits an jenen Kakaofrüchten reich geworden, die ein 8-jähriger Junge erst in einem Monat oder in einem Jahr für einen Hungerlohn ernten wird.

Die Menschenrechtsorganisation Global Witness veröffentlichte 2007 einen Bericht, dem zufolge die Rebellen den Bürgerkrieg der Elfenbeinküste mit Geldern aus dem Kakaohandel finanziert haben.

Spekulanten und Makler kaufen eine Kakaoernte oft schon zwei Jahre im Voraus, um sie dann zu höheren Preisen wieder verkaufen zu können.

Fair gehandelter Kakao ist alternativlos

Die Elfenbeinküste liegt rund 7000 Kilometer von uns entfernt. Und dennoch halten wir mit jedem Schokoriegel auch ein Stück Westafrika in der Hand. Solange wir Schokolade essen und lieben, tragen wir die Verantwortung, dass diese nicht unter menschenunwürdigen Bedingungen produziert wird.
Eine Möglichkeit, wie wir Verbraucher diese schmutzigen Geschäfte nicht mehr unterstützen, ist, dass wir Schokolade und

Eine Möglichkeit, wie wir Verbraucher diese schmutzigen Geschäfte nicht mehr unterstützen, ist, dass wir Schokolade und Kakaobohnen aus fairem Handel kaufen.

Kakaobohnen aus fairem Handel kaufen. Sie gibt es in den Weltläden und mittlerweile in vielen Supermärkten. Eine Schokolade mit dem Fair-Trade-Siegel garantiert, dass die Kakaobohnen sowie die restlichen Zutaten aus fairem Handel stammen. Das bedeutet, dass der Kakao ohne Zwischenhändler direkt vom Bauern bezogen wird und dem Bauern ein festgelegter Mindestpreis bezahlt wird, welcher über dem jeweiligen Weltmarktpreis liegt. Durch längerfristige Abnahmegarantien erhält der Kakaobauer ein verlässliches Einkommen und Planungssicherheit. Außerdem engagiert sich die Fair-Trade-Organisation für die Abschaffung von Zwangsarbeit und ausbeuterischer Kinderarbeit, die Verbesserung von Sozialstandards, wie z.B. den Bau von Schulen, für die Verbesserung der Arbeitsbedingungen der Plantagenarbeiter und für freie Arbeitsorganisationen, bei denen die Arbeiter Mitspracherechte besitzen. Ebenso werden ökologische Mindestanforderungen, wie z.B. Auflagen zum Gewässerschutz, allmählicher Ersatz von Mineraldünger durch organische Düngemittel und ökologische Fortbildungsprogramme für Bauern unterstützt. Neben groß angelegten staatlichen Initiativen wie zum Beispiel die ICI (International Cocoa Initiative) oder die WCF (World Cocoa Foundation) sind in den letzten Jahren immer mehr kleinere Projekte entstanden, die sich für die Verbesserung der Situation der Kakaobauern und der arbeitenden Kinder einsetzten und eine nachhaltige Kakaowirtschaft fördern. Ein Beispiel hierfür ist die Kallari-Kooperative in Ecuador oder Cooproagro in der Dominikanischen Republik.

Bio-Siegel

Das Fair-Trade Siegel ist jedoch nicht gleichzeitig eine Garantie für biologisch angebaute Nahrungsmittel. Ein Bauer bekommt zusätzlich einen Preisaufschlag für die Einführung von kontrolliertem ökologischem Landbau. Wir als Verbraucher können das am Bio-Siegel erkennen. Schokolade mit einem staatlichen Bio-Siegel garantiert, dass die Inhaltstoffe aus ökologischem Anbau stammen, bei dem keine Pestizide und chemische Düngemittel eingesetzt wurden, und dass kein pflanzliches Ersatzfett statt Kakaobutter in der Schokolade zu finden ist.

Das EU-Bio-Logo

Self-Trade

Self-Trade ist kein Gütesiegel, kein überstaatliches Zertifikat. Aber es rückt die Idee vom eigentlichen Marktplatz wieder gerade: der direkte Kontakt und Austausch zwischen Kakaobauer, Veredler und Verbraucher ist wiederhergestellt. Self Trade schafft Vertrauen und Transparenz für den Verbraucher und verhilft Kakaobauern zu Selbständigkeit und nachhaltigem Anbau.
Immer mehr Firmen, besonders aus dem Bereich der Naturkost und Naturkosmetik, unterhalten und fördern den nachhaltigen Bio-Anbau in Afrika, Lateinamerika und Asien. Sie vereinbaren mit den Bauern und Betreibern langfristig garantierte Abnahmenengen zu fairen Preisen.

Meine Self-Trade-Kakaobohne

Bei meiner „Forschungsreise" in der neuen Welt erging es mir ähnlich wie Christoph Kolumbus: ich konnte die Kakaoschätze um mich herum zunächst nicht wahrnehmen. Die Entdeckungen und Chancen offenbarten sich mir peu à peu. So war es der kindlichen Intuition meiner Tochter Hannah zu verdanken, dass mein erstes Self-Trade-Projekt entstehen konnte. Genauer gesagt, Hannah führte mich zu Dorothy.

Während unseres Sabbatjahres in Mittelamerika hatten wir zwei wunderschöne Wochen auf der winzigen Karibikinsel Boccas del Torro (Panama) verbracht und waren auf der Rückreise nach Costa Rica. Mit Koffern beladen, wollten wir die parkähnliche Plaza Central auf geradem Wege durchqueren, um an den Taxibootsteg zu kommen. Aber meine Tochter bestand vehement darauf, einen Umweg zu einem kleinen Spielplatz zu nehmen. Da wir noch etwas Zeit hatten, bevor uns das Boot wieder ans Festland bringen sollte, nahmen wir den längeren Weg in Kauf. Während sich meine Tochter auf einer wackeligen Schaukel amüsierte, entdeckte ich plötzlich eine Frau, die an der Ecke des Parks ein kleines Tischchen aufgebaut hatte und geröstete Kakaobohnen verkaufte. Eine Rarität, die ich auf den vielen Reisen in Mittelamerika noch nie gesehen hatte. Kakaobohnen werden normalerweise sofort auf den Plantagen verarbeitet und in ferne Länder exportiert. Rasch entwickelte sich ein spannendes Gespräch mit der Besitzerin der Kakaoplantage, Dorothy. Sie hatte noch nie etwas von rohen Kakaobohnen gehört, war aber sehr offen für neue Ideen, denn durch den sinkende Kakaopreis waren ihre beiden Kakaoplantagen kaum mehr rentabel. Nach zehn Minuten wurden Emailadressen ausgetauscht und erste Pläne geschmiedet. Dann wartete schon unser Boot zur Ausreise auf uns.

Wieder in Deutschland angekommen, machte ich mich selbständig und gründete die Firma Kakao pur, die rohe Kakaobohnen, selbst ge-

fertigte Schokoladen und Seminare anbietet. Doch aller Anfang ist schwer: Auf der Suche nach qualitätsvollen, Bio-Kakaobohnen, natürlich und roh, stieß ich an meine Grenzen. Selbst auf der Biofach 2011, einer der weltgrößten Bio-Lebensmittel-Messen, konnte ich kaum Anbieter roher Kakaobohnen finden. Daher musste ich selbst zur Tat schreiten – und das Self-Trade-Projekt mit Panama war geboren.
Zwischen dem Allgäu und der kleinen Karibikinsel flogen von da an regelmäßig Emails hin und her, in denen ich Überlegungen zum Trocknungsverfahren der Kakaobohnen und Möglichkeiten zum Transport mit Dorothy austauschte. Nach Monaten traf die erste Testlieferung roher Kakaobohnen ein: ein unvergessliches Erlebnis. Ich war sehr überrascht über den ursprünglichen, vollen Geschmack der Bohnen und die leckere Schokolade, die ich daraus herstellen konnte. Doch leider waren diese ersten Bohnen schon nach ein paar Wochen verschimmelt. Viele Nachbesserungen im Trocknungsverfahren, in der Verpackung und im Transport waren nötig, bis die erhoffte Qualität der rohen, frischen Bohnen erreicht war.
Damit waren jedoch nicht alle Schwierigkeiten überwunden. In Deutschland brachte ich so manchen Beamten an seine verwalterischen Grenzen. Am Zoll gibt es keine Kategorie für rohe Kakaobohnen. Und Angestellte des Gesundheitsamtes fragten: „Rohe Kakaobohnen? So etwas hatten wir noch nie.“ Auch in den zuständigen Lebensmittellaboren wusste man erst nicht, welchen Untersuchungen rohe Kakaobohnen unterzogen werden mussten, damit sie bedenkenlos in den Verkauf gehen konnten. Es kostete viel Zeit und Pionierarbeit, bis alle Formalitäten erfüllt waren und die Kakaobohnen endlich verkauft werden konnten.
Ein Jahr später fuhr ich wieder nach Panama, um die beiden Plantagen von Dorothy zu besichtigen und die Arbeiter kennen zu lernen. Wir machten weitere Experimente zum Trocknungsverfahren und zum kontrollierten Fermentieren der Bohnen und kundschafteten neue Transportwege aus. Aus der Geschäftsbeziehung mit Dorothy wurde schnell eine Freundschaft. Ich zeigte Dorothy auch, wie sie aus

ihren Kakaobohnen in ihrer Küche leckere Rohkakao-Schokolade herstellen kann. Diese Schokolade wird nun im Bioladen in Panama-City als Gourmet-Schokolade mit dem Hinweis verkauft, dass die einzigartige Rezeptur dazu aus Germany stammt.

Dorothy auf ihrer Plantage in Panama

Die Superbohne: Ernährungsphysiologische Bedeutung der Kakaobohne

Schokolade macht gesund und glücklich!

Wer behauptet, Schokolade sei gesund, ruft die größten Skeptiker auf den Plan. Dem ungeachtet, möchte ich noch eins draufsetzen und sagen: Rohkakao-Schokolade, möglichst naturbelassen und mit einem Kakaoanteil von über 80 Prozent, entwickelt geradezu magische Kräfte.

Dass das nicht aus der Luft gegriffen ist, lässt ein Blick auf die Kuna-Indianer Mittelamerikas vermuten. Weil die Kunas auch im hohen Alter vergleichsweise selten an Bluthochdruck oder Diabetes erkranken, untersuchten amerikanische Forscher vor einigen Jahren ihre Lebensgewohnheiten. Einen genetischen Vorteil konnten sie rasch ausschließen: denn Kuna-Indianer, die von den angestammten San-Blas-Inseln nach Panama-Stadt gezogen waren und dort einen westlichen Lebensstil pflegten, erlitten im gleichen Maße Herzprobleme und Gefäßleiden wie die übrige Bevölkerung.[15] Den Medizinern, unter ihnen der „Schokolade-Professor" Norman Hollenberg von der Harvard Medical School, fiel ins Auge, in welchen Massen die eingeborenen Kuna-Indianer Schokolade verzehrten. Sie aßen zu fast jeder Mahlzeit mit Bananen vermahlene Kakaobohnen, das so genannte „Madun". Und sie tranken bis zu fünf Tassen Kakao pro Tag.

Interessant ist, dass die Kuna -Indianer selten an Bluthochdruck und Diabetes erkranken.

Das hat dazu geführt, dass die Forschung die positiven Eigenschaften von Kakao näher in Augenschein nahm. Erste Ergebnisse ließen Zeitschriften euphorisch titeln, naturbelassener Kakao könne die „vier Menschheitsgeißeln Diabetes, Krebs, Schlaganfall und Herzinfarkt in Schach halten"[16]. Schokolade also ein Heilsbringer für Körper und Geist? Davon bin auch ich überzeugt.

Schon Alexander von Humboldt (1769-1859), der bedeutendste Naturforscher des 18. Jahrhunderts, erklärte vor über 150 Jahren: „Kein zweites Mal hat die Natur eine solche Fülle an wichtigen Nährstoffen auf so kleinem Raum zusammengedrängt, wie gerade in der Kakaobohne."[17] Diese Aussage wird von vielen aktuellen Universitätsstudien immer wieder belegt. Kakao ist eines der hochwertigsten und komplexesten Nahrungsmittel dieser Welt. In einer Bohne stecken über 300 Vitalstoffe, von denen viele für uns Menschen sehr gesundheitsfördernd wirken. Dies gilt gerade für die rohe, naturbelassene Kakaobohne und nur eingeschränkt für die verarbeiteten, d.h. erhitzten und gerösteten Kakaobohnen. Während des Röstvorgangs gehen viele der lebenswichtigen Vitalstoffe verloren. Um die gesundheitsfördernden Eigenschaften zu erhalten, sollten Kakaobohnen roh verzehrt oder verarbeitet werden und nicht zusammen mit Milch oder Zucker genossen werden.

In einer rohen Kakaobohne stecken über 300 Vitalstoffe.

Inhaltsstoffe der Kakaobohne

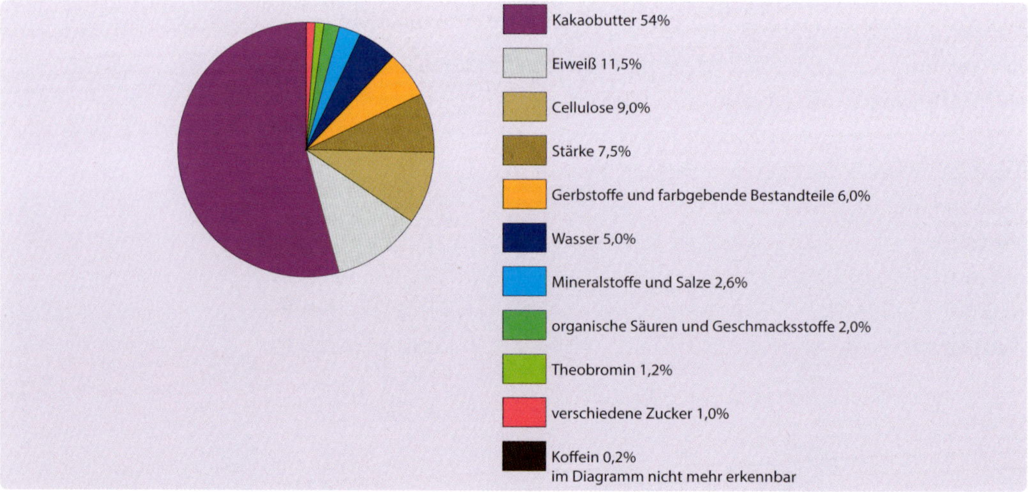

Sekundäre Pflanzenstoffe – die Schutzengel der Natur

Erst in jüngerer Zeit hat die Forschung entdeckt, dass in Lebensmitteln pflanzlichen Ursprungs nicht nur gesunde Vitamine und Mineralstoffe stecken, sondern auch sehr viele sekundäre Pflanzenstoffe, die ebenso wichtig für unsere Gesundheit sind. Pflanzen bilden diese sekundären Pflanzenstoffe aus vielerlei Gründen: sie schützen sich damit vor Krankheiten oder schädlichem UV-Licht, wehren Bakterien und Viren ab und locken Insekten an. Sie geben der Frucht ihre Farbe, ihren Geruch und Geschmack.
Es gibt mehrere Hunderttausende dieser sekundären Pflanzenstoffe, die noch nicht alle erforscht sind. Es ist jedoch sicher, dass sie aktiv zur Erhaltung unserer Gesundheit beitragen, viele eine Schutzwirkung gegen Krebs besitzen, Herz-Kreislauf-Erkrankungen vorbeugen und einen positiven Einfluss auf das Immunsystem ausüben.

Herkömmlicher Kakao und insbesondere Rohkakao enthalten einen sehr hohen Anteil an Polyphenolen.

Eine ausgewogene Ernährung enthält 1-2 g dieser sekundären Pflanzenstoffe täglich, das entspricht 5.000-10.000 verschiedenen Verbindungen, die sich positiv auf unsere Gesundheit auswirken können.
Eine Gruppe der sekundären Pflanzenstoffe sind die Polyphenole, eine weitere die der Flavonoide (s.u.). Herkömmlicher Kakao und insbesondere Rohkakao enthalten einen sehr hohen Anteil an Polyphenolen.
Schon 25 g dunkle Schokolade mit einem Kakaoanteil von 70% versorgen den Körper mit großen Mengen von Polyphenolen und wirken sich folglich positiv auf unsere Gesundheit aus.[18] Sie binden so genannte freie Radikale, die aggressiv auf die Zellen unseres Körpers einwirken.
Vor allem das Rauchen, UV-Strahlung, Schadstoffe in der Umwelt, extreme körperliche Belastung und auch der ganz normale Alterungsprozess fördern die Bildung freier Radikale. Sie erhöhen das Risiko vieler Krankheiten wie z.B. Krebs, rheumatische

Rohkakao besitzt so viele Antioxidantien wie kein anderes Nahrungsmittel.

Erkrankungen, Herzinfarkt, Entzündungen sowie Störungen des Immunsystems.

Polyphenole und teilweise auch die ihnen artverwandten Flavonoide können diese freien Radikale in harmlose Nebenprodukte umwandeln und unschädlich machen. Vitalstoffe mit dieser Fähigkeit werden auch Antioxidantien genannt. Zum einen bildet unser Körper in den Zellen Antioxidantien, zum anderen können wir über die Nahrung Antioxidantien unserem Körper zuführen. Viele Gemüse-und Obstsorten, sowie Kräuter und Samen enthalten eine hohe Konzentration von Antioxidantien.

Die antioxidative Kapazität eines Nahrungsmittels wird mit dem ORAC-Wert (Oxygen Radical Absorbance Capacity) gemessen. Die rohe Kakaobohne besitzt so viele Antioxidantien wie kein ein anderes Nahrungsmittel. Sie trägt zu einem erheblichen Teil zur Krebsvorsorge und zur Verlangsamung des Alterungsprozesses bei.

ORAC Werte per 100 g Obst im Vergleich zu Kakao [19]

per 100 g	ORAC (umole TE/g)
Banane	5
Kiwi	9
Apfel	14
Orange	24
Blaubeeren	32
Gojibeeren	133
rohe Kakaonibs	621
rohes Kakaopulver	955

Quelle: Grafik erstellt nach David Wolfe: Superfoods

Flavonoide für die Unsterblichkeit

Neben den Polyphenolen wirken auch Flavonoide antioxidativ auf die Biologie des Menschen ein. Der oben zitierte amerikanische Mediziner Norman Hollenberg machte damals ein Flavonoid mit dem Namen Epicatechin für die gesundheitsfördernde Wirkung des Kakaos verantwortlich. Denn mehr als in jeder anderen Frucht ist Epicatechin in der Kakaobohne vorhanden. So enthält dunkle Schokolade mehr als drei Mal so viel Epicatechin als die gleiche Menge frischer Äpfel oder schwarzer Tee.[20]

Flavonoide:
- senken das Risiko für Herz-Kreislauf-Krankheiten
- senken den Cholesterinspiegel
- wirken blutdrucksenkend und antithrombotisch

Die positive Wirkung dunkler Schokolade auf das Herz-Kreislaufsystem ist mittlerweile auch in medizinischen Kreisen unumstritten. Regelmäßiger Verzehr von dunkler, kakaohaltiger Schokolade senkt den Blutdruck, verbessert den Blutfluss und verringert das Risiko eines Herzinfarktes oder Schlaganfalls. Dies wird ganz eindrücklich in einer Langzeitstudie von 2010 des Deutschen Institutes für Ernährungsforschung Potsdam mit 20 000 Teilnehmern gezeigt:

Die positive Wirkung von dunkler Schokolade auf das Herz-Kreislaufsystem ist unumstritten.

„Personen, die im Schnitt etwa sieben Gramm kakaohaltiger Schokolade pro Tag verzehren, (haben) im Vergleich zu Personen, die nur wenig Schokolade essen, ein um fast 40 Prozent verringertes Risiko für Herz-Kreislauf-Erkrankungen. Dabei sank das Schlaganfallrisiko um fast die Hälfte – das Herzinfarktrisiko verminderte sich um 27 Prozent.
Der tägliche Verzehr von einem kleinen Stück Schokolade kann das Risiko für Herz-Kreislauf-Erkrankungen senken, insbesondere für Schlaganfall.“[21]

Flavonoide werden außerdem für weitere gesundheitsfördernde Effekte verantwortlich gemacht. Sie wirken antioxidativ und senken das Risiko für bestimmte Krebserkrankungen.
Wie im Ernährungsbericht 2008 der DGE geschildert, zeigten Ergebnisse aus Fall-Kontroll-Studien ein verringertes Risiko für Brustkrebs bei einer erhöhten Zufuhr bestimmter Flavonoide (signifikante Risikosenkung bei einer Flavonoidmenge, die mit einem Apfel oder einer halben Tasse grünem Tee aufgenommen wird). Auch wurde ein verringertes Dickdarmkrebsrisiko bei erhöhter Zufuhr bestimmter Flavonoide festgestellt. Einige Riegel dunkler Schokolade am Tag ergänzen also optimal die natürliche Krebsvorsorge. Und damit nicht genug: Flavonoide wirken außerdem

- entzündungshemmend,
- sie beeinflussen positiv das Immunsystem,
- sind antibiotisch
- und haben neurologische Wirkungen, d.h. üben positiven Einfluss auf unsere kognitiven Fähigkeiten aus.

Der antioxidative Einfluss von Schokolade wird durch den gleichzeitigen Genuss von Milch zunichte gemacht.

Flavonoide wie Polyphenole gehören also zu den magischen Stoffen, die in unserer Schokolade reichhaltig schlummern. Leider muss man an dieser Stelle eine kleine Einschränkung vornehmen: der antioxidative Einfluss von Schokolade wird durch den gleichzeitigen Genuss von Milch zunichte gemacht.[22] Damit scheiden Milchschokolade, Kakaomilchgetränke, Schokoladenmüsli und Schokoladenmilcheis als Radikalfänger leider aus.

Schokolade hebt die Stimmung und macht glücklich

Dunkler Schokolade im Allgemeinen und der rohen Kakaobohne im Besonderen wird eine stimmungsaufhellende Wirkung nachgesagt. Schokolade macht glücklich – für unsere Rohkakao-Schokolade gilt das in ganz besonderem Maß. Aus medizinischer Sicht wird diese These zwar diskutiert, tatsächlich trägt die Kakaobohne einige Stoffe in sich, die auf unsere Stimmung einwirken, die uns sowohl stimulieren als auch beruhigen können. Zum Beispiel Tryptophan, eine essenzielle Aminosäure, die nur durch die Nahrung aufgenommen werden kann. Gerade in der Kakaobohne ist Tryptophan in sehr hohem Maß enthalten. Im menschlichen Körper wird es in Serotonin umgewandelt, einem Neurotransmitter, der im Volksmund oft als „Glückshormon" bezeichnet wird. Serotonin hebt unser Wohlbefinden, verscheucht Müdigkeit und Stimmungstiefs. Auch andere Glücksboten finden wir in hohem Gehalt in der Kakaobohne, beispielsweise Theobromin, Anadamid und PEA (Phenylethylamin). PEA ist verantwortlich für unser Lust- und Glücksempfinden. Die Ureinwohner Südamerikas verwendeten Kakao als Medizin gegen Depressionen. Dieser Stoff wird auch im Körper produziert, wenn wir verliebt sind. Wenn Sie also Sehnsucht nach den Schmetterlingen im Bauch haben, empfehle ich ein Stückchen Schokolade.

Serotonin wird im Volkmund auch als „Glückshormon" bezeichnet.

Die Ureinwohner Südamerikas verwendeten Kakao als Medizin gegen Depressionen.

Ein Gedicht aus dem Jahre 1665 von James Wadsworth: „Eine merkwürdige Geschichte über die Natur der Schokolade und ihre Qualität":[23]

„Alte Frauen werden frisch und jung
Der Fleischeslust verleiht`s ganz neuen Schwung,
es stärkt das Begehr – du weißt schon Bescheid
der Schokolade scharfe Süßigkeit."

Rohkakao-Schokolade macht schlank

Sie glauben mir nicht? Fassen Sie Vertrauen, denn dänische und amerikanische Mediziner veröffentlichten jüngst die Ergebnisse einer Studie zum Schokoladenkonsum, bei der mehr als tausend Probanden zu ihren Schokoladegewohnheiten befragt wurden. Dabei stellte sich heraus: wer regelmäßig Schokolade zu sich nahm, war und blieb im Schnitt schlanker als der Rest der Bevölkerung.[24] Dies wird darauf zurückgeführt, dass dunkle Schokolade besser sättigt als andere süße Naschereien und sich zudem positiv auf den Stoffwechsel und damit günstig auf das Gewicht auswirkt.

David Wolfe, ein amerikanischer Ernährungs- und Superfoodexperte empfiehlt Schokolade explizit zum Abnehmen: „Lose weight, eat chocolate“[25] Er argumentiert, dass in der Schokolade appetitzügelnde Stoffe enthalten sind, die die Gewichtsreduzierung einfacher machen.

Kakao ist ein Nahrungsmittel, das sich auf den Cholesterinspiegel neutral auswirkt.

Kakaobohnen bestehen zu 50-56% aus Fett. Ein guter Teil der Fette (35%) sind jedoch einfach ungesättigte Fettsäuren, die eine positive Wirkung auf das Herz-Kreislauf-System haben. Ebenso sind die mehrfach ungesättigten Omega-6-Fettsäuren enthalten. Kakao ist ein Nahrungsmittel, das sich auf den Cholesterinspiegel neutral auswirkt.

Rohkakao-Schokolade macht munter

Kakao enthält ca. 1% Theobromin, ein Stoff, der dem Koffein verwandt ist, aber nicht die negativen Nebenwirkungen besitzt. Theobromin hat eine milde und dauerhafte anregende Wirkung und fördert die Konzentrationsfähigkeit. Außerdem lindert es effektiv Hustenreiz und wirkt stimmungsaufhellend und gefäßerweiternd.

In sehr geringen Mengen ist auch Koffein im Kakao enthalten: 1 Tasse Kakao hat 1/20 des Koffeingehaltes im Vergleich zu einer Tasse Kaffee.

Mein Tipp:
Ich knabbere gern zwischendurch an rohen Kakaobohnen und fühle mich danach angeregt, aufmerksam und konzentriert. Gerade auf meinem Schreibtisch steht oft eine kleine Schale mit frischen Kakaobohnen, neben Nüssen und vielleicht einer Tasse grünem Tee.

Magnesiumquelle Kakao

Die Natur hat die Kakaobohne großzügig mit Magnesium ausgestattet. Wer einmal an Magnesiummangel litt, an den Symptomen Ruhelosigkeit, Nervosität, Kopfschmerz, Müdigkeit, Muskelkrämpfen und Herzrhythmusstörungen, der weiß, wie wichtig Magnesium für unsere Körperfunktionen ist. Magnesium, ein essenzieller Mineralstoff, stabilisiert alle erregbaren Muskel- und Nervenzellen und ist an über 300 Enzymreaktionen beteiligt. Auf diesem Weg nimmt es Einfluss auf die Zellregeneration, Sauerstoffnutzung und Energiegewinnung. Die DGE (Deutsche Gesellschaft für Ernährung) empfiehlt für Erwachsene eine tägliche Magnesiumzufuhr zwischen 310 mg (Frauen) und 400 mg (Männer). Diese Menge wird jedoch allein über die Nahrung häufig nicht erreicht. Ernährungsstudien ergaben, dass etwa 20 bis 40 Prozent der Bevölkerung unter einem latenten Magnesiummangel leiden. Eine vermeidbare Unterversorgung, möchte ich meinen, denn 100g rohe Kakaobohnen enthalten schon 280 mg Magnesium (Quelle: eigene Laboranalysen) und 100g Rohkakao-Schokoladen decken 35% des täglichen Nährstoffbedarfs. 100g entöltes Kakaopulver enthält sogar 414mg Magnesium, das ist weitaus mehr als der Tagesbedarf eines Erwachsenen.
Neben Sonnenblumenkernen und Weizenkleie ist Kakao nämlich die reichste natürliche Magnesiumquelle – und in dieser Gesellschaft sicher auch die leckerste!

Die Natur hat die Kakaobohne großzügig mit Magnesium ausgestattet.

Mein Tipp:
Ich empfehle für den täglichen Verzehr eine kleine Handvoll rohe Kakaobohnen (15 g-30 g), am besten zum Frühstück, damit die Bohnen ihre stimmungsaufhellende und belebende Wirkung den Tag über entfalten können.

Natürlich enthält dunkle Schokolade auch andere Mineralstoffe in nicht unerheblicher Menge. Der Tagesbedarf an Kalium, Phosphor, Eisen, Kupfer und Mangan kann durch nur 100g Kakaobohnen gedeckt werden. Ebenso kann man 50% des Tagesbedarfs an Zink mit dieser Menge Kakao zu sich nehmen.

Insgesamt wurden in der Kakaobohne mehr als 300 für unseren Körper wichtige Vitalstoffe nachgewiesen. Wo sonst in der Natur lässt sich eine Frucht finden, die so kompakt, so konzentriert so viel Gutes vereint? Die noch dazu auf köstlichste Weise zubereitet werden kann? Es lohnt sich die Kakaobohne in ihrer ursprünglichen Form wieder zu entdecken und sie schonend verarbeitet zu genießen. Sie erwacht neu als „Speise der Götter“ und leiht uns – wenn auch nur für kurze Zeit – deren magische Kräfte.

Nährwerte roher Kakaobohnen
Quelle: chocqlate.com und eigene Laboranalysen[26]

Ø Nährwert per 100 g	Kakao-bohne	Apfel	Banane	Orange
Kalium	1200 mg	120 mg	370 mg	165 mg
Kalzium	84 mg	5 mg	7 mg	40 mg
Magnesium	280 mg	5 mg	30 mg	15 mg
Phosohor	340 mg	10 mg	20 mg	25 mg
Eisen	2,6 mg	0,2 mg	0,4 mg	0,4 mg
Zink	3,7 mg	0,1 mg	0,2 mg	0,1 mg
Vitamin B8 Biotin	5,8 mµ	0,6 mµ	5 mµ	1,5 mµ
Vitamin C	2,5 mg	10 mg	10 mg	45 mg

Nährwerte der Rohkakao-Schokolade hergestellt nach dem Grundrezept (Seite 84) Quelle: chocqlate.com[27]

Nährwerte per 100 g RDA*		
Kalium	589,3 mg	29,5 %
Magnesium	33,3 mg	35,5 %
Phosphor	190,4 mg	27,2 %
Eisen	2,9 mg	20,7 %
Kupfer	1,2 mg	115 %
Mangan	1,1 mg	57 %
Zink	1,8 mg	18 %

* RDA = Ø-Tagesbedarf eines Erwachsenen pro 100g
Quelle: RDA: EU Richtlinie 2008/100/EG Anhang

Überblick über wichtige Inhaltsstoffe von rohem Kakao:	
Antioxidantien	• schützen vor Zellschäden, die zur Alterung und Krebs führen können, indem sie unerwünschte freie Radikale binden • wirken entzündungshemmend
Flavonoide	• senken das Risiko für Herz-Kreislauf-Krankheiten • senken den Cholesterinspiegel • wirken blutdrucksenkend und antithrombotisch • entzündungshemmend • sie beeinflussen positiv das Immunsystem • antibiotisch • haben neurologische Wirkungen, d.h. üben positiven Einfluss auf unsere kognitiven Fähigkeiten aus.
Epicatechin	• erhöht die Leistungsfähigkeit des Gehirns, Verbesserung des Gedächtnisses
Phenole	• behindern das Wachstum von Kariesbakterien
Magnesium	• beugt Herzinfarkt vor • hilft dem Knochenaufbau • entspannt die Muskulatur • Magnesiummangel: Ruhelosigkeit, Nervosität, Reizbarkeit, Kopfschmerzen, Konzentrationsmangel, Müdigkeit, allgemeines Schwächegefühl, Herzrhythmusstörungen, Muskelkrämpfe
Phenylethylamin (PEA)	• stimmungsaufhellend • wirkt gegen Depressionen • appetitzügelnd • aufmerksamkeitssteigernd • PEA wird im Körper produziert, wenn man verliebt ist; die Ureinwohnenr Südamerikas verwendeten Kakao als Medizin gegen Depressionen

Überblick über wichtige Inhaltsstoffe von rohem Kakao:	
Tryptophan	• stimmungsaufhellend • beruhigend • stressvorbeugend
Serotonin	• wichtig für Gehirnfunktionen • wirkt auf die Stimmungslage ein
Dopamin	• antriebssteigernd
Anandamid	• für Glücksgefühle verantwortlich • Der Körper produziert Anandamid während sportlicher Betätigung. Es wurde bisher nur in Kakao gefunden
Arginin	• aphrodisierend
Theobromin	• stimuliert das Nervensystem • fördert die Konzentration • antibakteriell • gegen Hustenreiz
CocoHeal	• wachstumsfördernd für Hautzellen • Wundheilung • Verminderung von Falten
Eisen	• Sauerstofftransport und –aufnahme über das Blut • beugt Anämie vor
Zink	• für das Immunsystem und die Leber, die Haut
Kalium	• Aufrechterhaltung eines normalen Blutdrucks • Regulation des Zellwachstums
Phosphor	• für den Knochenaufbau
Kupfer	• Immunabwehr
Chromin	• regelt den Blutzuckerspiegel
Mangan	• bildet Hämoglobin
Vitamin C	• antioxidative Wirkung • Immunabwehr

Aus meinem Reisetagebuch:

Schoko-Dance und die Gefahren des Dschungels

Der Wecker klingelt kurz vor Mitternacht. Ich möchte in unserem Einraum-Bambus-Häuschen kein Licht machen, da die beiden Kinder schlafen. Im Halbdunkel fülle ich eine Wasserflasche und schnappe mir die Taschenlampe und mache mich auf den Weg zu Schoko-Dance, eine Tanz-Party mitten im Dschungel in der Gemeinschaft Pachamama, in der wir seit drei Monaten leben. „Conscious Clubbing" ist das Motto, also kein Alkohol, sondern gute Laune durch gute Musik, Smoothies und Schokolade.

Ich schleiche auf verschlungenen Pfaden durch den Dschungel und hoffe, dass mir keine Tarantel oder Schlange begegnet. Auf halbem Weg macht die Taschenlampe schlapp, verdammt! Die Batterien made in Costa Rica sind immer schneller leer als erwartet. Zum Glück tauchen nach einiger Zeit andere Partygäste aus dem Dunkel des Urwaldes auf, mir ist wesentlich wohler gemeinsam durch den Dschungel zu wandern. Der Party-Platz liegt an einem Fluss, eine kleine Lichtung im Dschungel, die wunderschön von hunderten von Kerzen und einigen Lagerfeuern beleuchtet wird und mit Natur-Mandalas dekoriert ist. Lange nach Mitternacht beginnt die Party: aus unzähligen Lautsprechern dröhnt Gute-Laune-Musik, ein unbeschreiblicher Sternenhimmel, warme Nachtluft, die Schatten der riesigen Urwaldbäume um mich herum, die Tanzfläche füllt sich sofort. Barfuß erfühle ich den Waldboden. Das ist für mich Glück pur, ja das ist Leben! Nach einiger Zeit werden Köstlichkeiten aus Rohkakao gereicht: Decadent-Schokolade, Energy-Balls und feine Pralinen aus Rohkakao genieße ich in vollen Zügen während dem Tanzen. Doch nach einiger Zeit wird mir plötzlich schlecht. Die Übelkeit wird immer unangenehmer, ich kann mich kaum noch auf den Beinen halten und muss mich auf eine Matte am Rand der Tanzfläche legen. War die Schokolade verdorben? Bis zum Morgengrauen konnte ich die Party nur aus der

Liegeposition verfolgen. Als dann die Brüllaffen lautstark den neuen Morgen begrüßten und das erste Dämmerlicht den Dschungel erhellte, sah ich mit Entsetzten, weshalb mir so schlecht war: in meine Wasserflasche war ein riesiger Skorpion geklettert, den ich beim Wassereinfüllen ertränkt hatte. Die ganze Nacht hatte ich das mit Skorpiongift angereicherte Wasser getrunken! Auch am folgenden Tag war es mir fürchterlich übel – aber zum Glück nicht von der Schokolade! Vielleicht hatte ich ja nur überlebt, weil ich so viel gesunde Rohkakao-Schokolade gegessen hatte???

Aromavielfalt Schokolade

Haben Sie schon einmal echte Schokolade geschmeckt? Eine Schokolade, die einem den Tropenwald auf die Zunge zaubert, Aromen von Jasmin, Kaffee und Honig erahnen lässt, die fruchtige, herbe, süßliche oder nussige Nuancen entwickelt, die nach Waldboden, Lakritz oder gar nach Karamell schmeckt? In einer Kakaobohne befinden sich über 400 verschiedene Aromen. Es wird Zeit, sie auf der Zunge zergehen zu lassen.

Wußten Sie, dass sich in einer Kakaobohne über 400 Aromen befinden?

Seit Ende der 90er Jahre werden vermehrt Edelkakaosorten zu sortenreiner Schokolade verarbeitet. Chocolatiers auf der ganzen Welt haben die Aromavielfalt des Kakaos wieder entdeckt und wählen ihre zur Verarbeitung bestimmten Kakaobohnen nach Sorte, selbst nach Plantage gezielt aus. Aromaspektren in Form eines Aromarads wurden speziell für Schokolade definiert.

Denn der Geschmack einer Edelkakaobohne hängt nicht nur von ihrer jeweiligen Sorte, sondern auch von den Anbaubedingungen, der Bodenbeschaffenheit sowie der Lage der Plantage ab. Außerdem nimmt auch die sachgerechte Fermentation der Bohne sowie ihre Röstung Einfluss auf die Vollendung des Geschmacks. Gerade letzteres ist eines der bestgehüteten Geheimnisse der Schokoladenkunst.

Der Genuss einer Rohkakao-Schokolade ist ein unvergessliches Geschmackserlebnis.

Auch rohe Kakaobohnen entfalten während der Verarbeitung sehr charakteristische Geschmacksnoten. Bei manchen Sorten sind Säure und Bitterstoffe dominant. Dieser Geschmack verliert sich jedoch in der Rohkakao-Schokolade. Stattdessen tritt all die Aromafülle eines unbehandelten Nahrungsmittels zutage, das seine Kraft im wilden Dschungel gesammelt hat. Rohkakao-Schokolade ist ein ursprüngliches und unvergessliches Geschmackserlebnis.

Mein Tipp:
„Ich empfehle pure Kakaobohnen und sortenreine Schokolade mit einem Kakaoanteil von mindestens 60% für die Verkostung. Denn zu viel Milch oder Zucker in der Schokolade lenken von den eigentlichen und ursprünglichen Eigenschaften des Kakaos ab. Mir kam es bei der Beurteilung des Geschmacks zugute, wenn ich vorher schon wusste, welche Aromen in der jeweiligen Bohne oder Schokolade vorherrschen. Einige Hersteller sortenreiner Schokolade geben darüber auf der Rückseite der Verpackung Auskunft. Ansonsten das Aromarad bemühen!“

Schokolade schmecken

Wie beim Wein kann man auch das Abschmecken feiner Schokolade erlernen. Mit ein wenig Übung kann edle Schokolade ein neues Universum an Geschmacksnoten und –nuancen eröffnen. Das Aromarad mit seinen Kategorien von fruchtig bis würzig, nussig, blumig und geröstet gibt den Rahmen für das Schärfen des Geschmackssinns vor. Wer sich weiter in die Nuancen vertieft, wird Geschmacksnoten wie Marzipan, Waldbeere, Rose oder Vanille entdecken können. Edelkakao ist nicht gleich Edelkakao.

Aus der Schokoladen-Degustation wird ein Fest der Sinne, wenn die richtige Umgebung für eine bewusste Aromareise geschaffen ist. Zeit, Muse, eine Atmosphäre ohne Ablenkung und ohne andere Genussmittel ist hilfreich, um sich auf den Geschmack einer Bohne einzulassen, die sich in einer unglaublichen Fülle und Vielfalt präsentiert.

Dieses Aromarad kann Ihnen behilflich sein, die verschiedenen Geschmacksnuancen des Kakaos zu erkennen.

Das Kakao-Aromarad

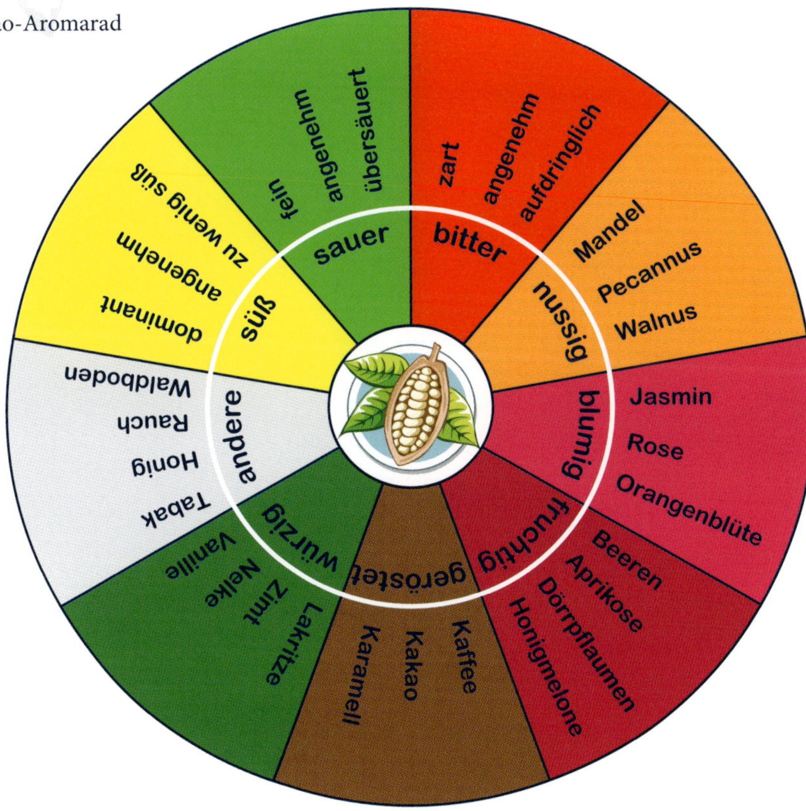

Die gelungene Verkostung

Leitfaden für eine Verkostung

Bei einer Degustation werden alle Sinne angesprochen: zunächst das Auge, dann der Tastsinn und das Ohr, anschließend die Nase und letztlich der Gaumen.

- Farbe: Zuerst wird das Aussehen der Schokolade beurteilt. Wie ist ihr Glanz und ihre Struktur? Fein, seidig, glänzend? Die Farbe hängt von dem jeweiligen Anbaugebiet und der Sorte ab. Es ist nicht gesagt, dass die dunkelste Schokolade auch geschmacklich die beste sein muss. Wenn die Schokolade allerdings einen weißlichen Belag, den so genannten Reif, aufweist, ist sie zu lange gelagert worden oder während der Lagerung größeren Temperaturschwankungen ausgesetzt gewesen. Aber: Rohkakao-Schokolade wird nach einigen Tagen immer matt, da sie normalerweise nicht temperiert wird. Dies hat jedoch keine geschmacklichen Nachteile.
- Bruchgeräusch: Brechen Sie ein Stück Schokolade und hören Sie auf das „Knack“-Geräusch. Klingt es satt und voll? Sieht die Bruchkante glatt und glänzend aus? Dann ist die Struktur des Kakaos dicht und die Schokolade hochwertiger Natur.
- Geruch: Zerreiben Sie ein kleines Stückchen Schokolade zwischen Daumen und Zeigefinger. Durch die frei gesetzten Duftstoffe nehmen wir die Schokolade als sehr intensiv wahr. Nicht immer entsteht dabei der gleiche Eindruck wie später beim Schmecken. Doch versuchen Sie bereits jetzt, die aufgenommenen Gerüche, möglicherweise mithilfe des Aromarads, zu identifizieren.
- Geschmack: Mit den Geschmacksnerven auf Zunge und Gaumen nehmen wir die Schokolade am eindringlichsten wahr.

Damit sich der Geschmack voll entfalten kann, zerkauen Sie die Schokolade nicht, sondern lassen Sie sie auf der Zunge schmelzen.

Wie lässt sich der Geschmack nun charakterisieren? Dazu sollte man sich folgende Fragen stellen:

- Süße: Wie süß ist die Schokolade? Steht sie zu sehr im Vordergrund und überdeckt die natürlichen Aromen?
- Säure: Wie sauer schmeckt die Schokolade? Ist es eine angenehme, feine Fruchtsäure oder schmeckt sie unangenehm, hartnäckig sauer?
- Bitterkeit: Sind die natürlichen Gerbsäuren des Kakaos angenehm, unaufdringlich, zart? Oder stört die Bitterkeit im Gaumen?
- Aroma: Wie spielen die natürlichen Aromen des Kakaos miteinander? Nussig, blumig, würzig, fruchtig? Wann beginnt der Geschmack? Hat er Höhen und Tiefen? Wie vielfältig sind die Aromen?

Insgesamt lässt sich anmerken, dass künstliche Vanille meist einen bitteren Nachgeschmack hinterlässt und sehr aufdringlich wirkt. Echte Vanille verbindet und harmonisiert die verschiedenen natürlichen Aromen.
Was die Konsistenz anbelangt, besitzt hochwertige Schokolade einen unvergleichlich zarten Schmelz, der durch eine lange Conchierzeit entsteht. Cremig, samtig, glatt sollte er sein.
Besondere Beachtung gilt, wie beim Verkosten von Wein, auch dem Abgang. Edlen Schokoladen haftet ein lang anhaltender Abgang an. Der volle Geschmack bleibt noch lange im Mund erhalten.

In der eigenen Schokoladenküche

Sieben natürliche, gesunde Zutaten, eine Schüssel und einen Kochlöffel, Wasserbad und Pralinenförmchen – in 20 Minuten können Sie als „Home-Chocolatier" ihre eigene Schokoladenkreation zaubern. Frisch zubereitete Schokolade ist ein unwiderstehliches und unvergessliches Geschmackserlebnis! Genuss ohne Reue.

Nützliche Küchenhelfer

- Wasserbad: Hierfür verwende ich ein kleines Töpfchen oder Schüsselchen, das ich in einen etwas größeren Topf stelle, der zur Hälfte mit Wasser gefüllt ist.
- Schüssel: Es eignet sich besonders eine kleine Metallschüssel, die auch auf das Wasserbad gestellt werden kann, wenn die Schokoladenmasse einmal zu fest werden sollte.
- Tasse: Für alle Rezepte benutze ich eine Kaffeetasse (Fassungsvermögen 200ml), das aufwendige Wiegen der Zutaten fällt weg.
- Kochlöffel und Esslöffel
- Pralinenförmchen oder Backpapier: Silikonpralinenförmchen sind in Küchen-Fachgeschäften und Internetshops erhältlich und werden in vielen unterschiedlichen Designs angeboten. Schoko-Pralinen sehen sehr schön aus und sind ein wahrer Augenschmaus!

Es gibt auch Gießformen für ganze Schokoladentafeln aus Thermoplast.

Manche Eiswürfelformen eignen sich gut zur Schokoladenherstellung: Wenn die Oberfläche der

Formen glänzt, bekommt die Schokopraline auch einen seidigen Glanz.
Für Bruchschokolade wird die Schoko-Masse einfach auf einem Backpapier ausgestrichen.

Zutaten für feine Schokolade: Das darf nie fehlen!

Naturbelassene, rohe Kakaobohnen

Roh bedeutet für unsere Kakaobohnen, dass sie nicht über 42°C erhitzt wurden. Sie werden unter hygienisch einwandfreien Bedingungen in Trockenapparaten schonend getrocknet.

Beim Kauf von Kakaobohnen muss stets darauf geachtet werden, dass die angebotenen Bohnen auch zum Rohverzehr geeignet sind. Vereinzelt werden nämlich Kakaobohnen angeboten, die für die konventionelle Herstellung zur Schokolade vorgesehen sind. Diese herkömmlichen Bohnen eignen sich nicht für die Verarbeitung zu Rohkakao-Schokolade, da sie nach der Ernte während des Fermentationsprozesses lange Zeit ungeschützt in der Sonne liegen, wo sie mit Bakterien und Schimmel versetzt sein könnten. Bei der traditionellen Schokoladenherstellung werden diese Bohnen daher hoch erhitzt und keimfrei gemacht.

In Internetshops, Bioläden und Weltläden werden hochwertige rohe Kakaobohnen, mit und ohne Fruchtfleisch, unfermentiert oder leicht fermentiert, angeboten. Gute Qualität

Mein Tipp:
Um ein sehr feines Kakaopulver zu erhalten, empfehle ich folgende Methode: Die Kakaobohnen im Standmixer fein mahlen, dann in einer offenen Schüssel, die mit einem Tuch abgedeckt ist, einen Tag stehen lassen. Anschließend das Mahlgut sieben und die gröberen Körner zunächst separat mahlen, dann alles zusammen mischen und nochmals mahlen.

erkennt man daran, dass die Bohnen keine extreme Säure und Bitterkeit haben und angenehm riechen. Rohkakao ist als ganze Bohne oder zerkleinert als Kakaonibs erhältlich. (s. Kapitel Edelkakaosorten)

Die rohen Kakaobohnen können in einem gewöhnlichen Standmixer oder in einer kleinen Kaffeemühle zu Pulver vermahlen werden. Noch feiner werden die Bohnen im Vitamix oder Thermomix. Eine Getreidemühle eignet sich nicht zum Vermahlen, da das Fett der Bohnen das Mahlwerk verklebt.
Die Kakaobohnen sollten am besten immer frisch gemahlen werden, da sich die Antioxidantien mit der Zeit durch den Sauerstoffkontakt verflüchtigen.
Lagerung: kühl und dunkel, Haltbarkeit ½-1 Jahr

Mein Tipp:
Zum Schmelzen der Kakaobutter können Sie auch ein Stövchen benutzen: ein Teelicht anzünden und die Kakaobutter darüber in einer kleinen Schüssel schmelzen lassen. Die sinnliche Variante für Genießer oder für die Outdoor-Zubereitung!

Kakaobutter

Ihr Aroma nach Vanille und Kakao ist intensiv, fast betörend und erfüllt den ganzen Raum. Es ist die Kakaobutter, die wesentlich zum Geschmack unserer Schokolade beiträgt und ihr zudem ihren besonders zarten Schmelz verleiht. Im gleichen Verhältnis zu den festen Kakaobestandteilen (dem stark entölten Pulver und den gemahlenen rohen Bohnen) wird die Kakaobutter unserer Schokolade flüssig beigemengt. Ihr verdankt sie später auch ihren satten, seidigen Glanz, die feine Struktur und den knackigen Bruch.
Wer sie als flüssiges Gold einmal verarbeitet hat, weiß, dass sie in der Schokolade nicht durch andere billige Pflanzen- und Tierfette zu ersetzen ist. Sie ist eines der hochwertigsten Fette, das uns die Natur geschenkt hat.
Inhaltsstoffe

Kakaobohnen bestehen gut zur Hälfte aus Fett, der Kakaobutter. Diese enthält einen relativ hohen Anteil an gesättigten Fettsäuren (ca. 54% bis 74%) und einen geringen Anteil an einfach und mehrfach ungesättigten, so genannten essentiellen Fettsäuren. Zu letzteren gehören Omega-3 und Omega-6 Fettsäuren. Essentielle Fettsäuren sind zwar lebensnotwendig, können vom Körper aber nicht selbst hergestellt werden. So sind wir auf ihre Zufuhr durch die Nahrung angewiesen. Die Forschung vermutet, dass ein hoher Wert an Omega-3-Säure im Blut das Risiko von Herz-Kreislauf-Leiden verringert. Ebenso wird die positive Wirkung von essentiellen Fetten auf die Funktionen des Gehirns hervorgehoben.[28]

Kakaobutter wird in Form von Pastillen oder im Block angeboten

Gewinnung von Kakaobutter

Die Kunas, Indios aus Mittelamerika, kennen eine verblüffend einfache Methode, aus der Kakaobohne das wertvolle Pflanzenfett zu gewinnen: Es ist erstaunlich, einer Kuna-Frau in einer einfachen Hütte dabei zuzusehen, wie sie mit wenigen Mitteln eine Tasse Kakaobutter füllt. Die Bohnen werden zunächst geröstet, verlesen und gemahlen. Dann vermischt die Indiofrau die so erhaltene Masse mit Wasser, das zum Sieden gebracht wird. Nach

Mein Tipp:
Vor allem im Winter benutze ich gerne Kakaobutter zur Pflege spröder Lippen und trockener Haut. Beispielweise öle ich mich nach dem Duschen oft mit Kakaobutter ein. Hierfür habe ich ein Schälchen mit Kakaobutter auf der Heizung stehen, die dann flüssig ist und sich angenehm auf der Haut verteilen lässt. Das hinterlässt einen wunderbaren Duft und ein samtweiches Hautgefühl, ein sanfter Schutzmantel gegen die Kälte des Winters.

einigen Stunden schwimmt die Kakaobutter nach oben und wird mit einem Löffel abgeschöpft.

Im Zeitalter der industriellen Fertigung wird es nicht mehr gelingen, Kakaobutter eigenhändig zu gewinnen. Heutzutage werden geröstete und von ihrer Schale getrennte Kakaobohnen in erhitzten Walzen zu Kakaomasse vermahlen. Dieser Masse wird dann unter sehr hohem Druck in einer hydraulischen Presse die Kakaobutter als goldgelbes Öl entzogen. Nach weiterer Raffinierung wird die Butter in kleine Pastillen gepresst oder in größere Blöcke gegossen.

Kakaobutter wird in Internetshops, Bioläden und Apotheken angeboten. Viele Händler verkaufen Kakaobutter für kosmetische Zwecke, die nicht als Lebensmittel zugelassen ist. Achten Sie deshalb auf die Auszeichnung „Lebensmittelqualität", dann ist die Kakaobutter zum Verzehr geeignet und kann auch als kosmetischer Rohstoff verwendet werden.

Es gibt seit einiger Zeit auch Kakaobutter, die aus rohen, das heißt nicht gerösteten Kakaobohnen gewonnen wird. Beim Schmelzen der Roh-Kakaobutter sollten Sie einen Thermometer verwenden um sicher zu stellen, dass die Temperatur nicht 42°C übersteigt.

Lagerung
Kakaobutter ist bis zu zwei Jahre haltbar und sollte trocken, dunkel und relativ kühl gelagert werden. Sie muss dabei nicht in den Kühlschrank, große Temperaturschwankungen sollten jedoch vermieden werden. Denn Kakaobutter schmilzt bereits bei 30°C bis 35°C und kristallisiert selbst in verarbeiteter Schokolade schnell aus (das ist dann der bekannte weiße Reif alter oder dem Sonnenlicht ausgesetzter Schokolade). Kakaobutterreste, die bei der eigenen Schokoladeproduktion übrig geblieben sind, kann

man bei Zimmertemperatur erkalten lassen und für die nächste Konfekt-Verarbeitung wieder verwenden.

Kakaobutter in der Kosmetik

Der größte Teil gewonnener Kakaobutter geht übrigens an die Kosmetikindustrie. Schon die Indianer priesen die Kakaobutter als Heilmittel bei Narben und Hautverletzungen. Daher wird sie in der Medizin häufig als Salbengrundlage und in der Kosmetik für Pflegeprodukte bei trockener oder empfindlicher Haut eingesetzt: In Lotionen, Lippenstiften, Badezusätzen und Antifaltencremes findet Kakaobutter Verwendung.

Kakaopulver

Die fermentierten, gerösteten und geschälten Kakaobohnen werden in der Kakaomühle zur Kakaomasse verrieben. Anschließend wird dieser dickflüssige Brei in einer hydraulischen Presse unter Wärmeeinwirkung zusammengepresst. Die Kakaomasse wird dabei nochmals auf 80 bis 90°C erhitzt. Durch den großen Druck fließt die Kakaobutter ab, zurück bleibt der Presskuchen, aus dem das Kakaopulver hergestellt wird. Vor dem Vermahlen wird der Presskuchen einer alkalischen Behandlung unterzogen. Natrium- oder Kaliumcarbonat werden zugesetzt, damit der Kakao keine Klümpchen bildet und sich nicht mehr aus dem Wasser löst. Diesen Prozess des Alkalisierens nennt man „Dutching“.

Es wird zwischen stark und schwach entöltem Kakaopulver unterschieden, je nachdem, wie lange der Pressvorgang dauert. Stark entölter Kakao enthält 10%-12% Fett, schwach entölter Kakao 20%-22% Prozent.

Dieses Kakaopulver wird der Rohkakao-Schokolade zugefügt, da die rohen Kakaobohnen nicht so fein vermahlen werden können und die Schokolade sonst zu grobkörnig und „sandig“ schmecken würde.

Mein Tipp:
Für die Rohkakao-Schokolade empfehle ich einen stark entölten Kakao, da die Schokolade sonst zu fettig und reichhaltig wird.

Rohes Kakaopulver ist meist schwach entölt und eignet sich nur bedingt für die Herstellung von Rohkakao-Schokolade, da es sehr fetthaltig ist und zudem Säuren und Bitterstoffe stark hervorschmecken können. Wer den feineren Geschmack bevorzugt, wählt besser geröstetes Bio-Kakaopulver.
Lagerung: kühl und dunkel, Haltbarkeit ½-1 Jahr

Süßungsmittel

Als Süßungsmittel für die Rohkakao-Schokolade verwende ich eine Mischung aus 50% Honig und 50% Agavendicksaft. Honig hat eine weiche Süße, die kombiniert mit der klaren Süße des Agavendicksaftes ein rundes Aroma erzeugt. Für Diabetiker eignet sich die ausschließliche Verwendung von Agavendicksaft, da er den Insulinspiegel nicht anhebt. Blütenhonig eignet sich wiederum besser als Waldhonig, da der Honiggeschmack ansonsten zu dominant hervortreten könnte.

Als alternative Süßungsmittel zu Honig (vor allem für die vegane Ernährung) bieten sich neben Agavendicksaft noch Ahornsirup, Reissirup und Yacon-Sirup an. Manche Sirups enthalten jedoch einen hohen Wassergehalt und können selten zum Ausflocken der Schokoladenmasse führen. Allerdings passiert das nur bei Zugabe einer großen Menge, wenn beispielsweise eine sehr süße Schokolade gewünscht wird. Yacon-Sirup tritt nach rund einer Woche an die Oberfläche der Pralinen und verursacht weißliche Flecken, die aber keinen Einfluss auf den Geschmack haben, sondern nur unschön aussehen. Stevia kann in Pulverform zugege-

ben werden, hat jedoch einen sehr intensiven Beigeschmack, den viele Menschen nicht mögen.
Zucker (Rohrzucker, Puderzucker) eignet sich nicht als Süßungsmittel, da er sich nicht in der Kakaobutter auflöst und auch als Vitaminräuber die positiven gesundheitlichen Wirkungen der Kakaobohne mindert.

Zucker eignet sich nicht als Süßungsmittel, da er sich nicht in der Kakaobutter auflöst und die gesundheitsfördernde Wirkung der Kakaobohne mindert.

Aus Birkenzucker allerdings kann eine gesättigte Lösung hergestellt werden, die wie gewohnt zur Schokoladenmasse gegeben werden kann. Dazu löst man in wenig heißem Wasser so viel Birkenzucker, bis die Kristalle sich nicht mehr auflösen, und seiht den Sirup dann ab. Sie können den Birkenzucker auch in der Kaffeemühle zu Puderzucker vermahlen und in die Schokoladenmasse geben. Allerdings schmecken die Zuckerkristalle ein wenig unangenehm hervor.

Wer es ganz gesund mag, kann natürlich auch Dattelpaste oder andere Trockenfrüchte als Süßungsmittel verwenden.

Vanille

Vanylla, ein junges, schönes Mädchen der mexikanischen Mythologie, liebte einst einen Jungen, der Xocoatl hieß. Weil ein böser Zauberer ihrer Liebe nicht wohl gesonnen war, verzauberte er den Jungen in einen Baum, das Mädchen in eine Orchidee. Doch auch das konnte ihrer Liebe nichts anhaben: Vanylla umschlingt seitdem als kletternde Waldorchidee den wilden Kakaobaum, und ihre Früchte vereinen sich zu einem unvergleichlichen Aroma. Die Liebesgeschichte zwischen Schokolade und Vanille dauert an, seit Mayas und Azteken ihrem Kakaotrunk die sahnigsüße Note der Vanille beimischten. Bis heute ist sie für ein vollendetes Schokoladenaroma unabdingbar, sie verbindet die unterschiedlichen Geschmacksnuancen des Kakaos und rundet sie ab.

Vanille wird auch als Königin der Gewürze bezeichnet. Sie ist eines der edelsten und teuersten Gewürze der Welt. Vanille wird aus den Fruchtkapseln oder Schoten einer ursprünglich in Mexiko beheimateten Kletterorchidee gewonnen. Diese werden vor der Reife gepflückt und dann über mehrere Monate lang fermentiert. In der nun fast schwarzen Schote befindet sich das Vanillemark, musig, klebrig und voller Geschmack.

Im Handel ist Vanille als ganze Schote, Vanillepulver, Vanilleextrakt und Vanillin erhältlich. Vanillepulver wird aus getrockneten und gemahlenen Samenkörner sowie Kapselhülsen hergestellt. Es eignet sich am besten für die Verarbeitung von Rohkakao-Schokolade. Vanilleextrakt, ein scharf schmeckender Auszug mit 35% Ethanol, ist für die Schokoladeherstellung nicht geeignet, da der enthaltene Alkohol die Kakaomasse ausflocken lässt. Vanillin ist ebenso ungeeignet, da es sich hierbei nur um künstlich hergestelltes Vanillearoma handelt.

Bourbon-Vanille ist die gängigste Sorte in Europa, die auch ich verwende. Sie hat einen intensiven und harmonischen Geschmack. Sie stammt zumeist aus Anbaugebieten Ostafrikas, von Madagaskar, der Insel Réunion (der früheren Île Bourbon) und den Komoren. Mexiko liefert nur noch einen kleinen Teil der Weltproduktion an Vanille, seit die Bestäubung der Vanillepflanzen nicht mehr nur durch einheimische Kolibri- und Insektenarten, sondern auch von Hand der Plantagenarbeiter erfolgen kann. Immerhin: Vanilleanbau ist und bleibt langwierige Handarbeit. Auch dadurch erklärt sich der weiterhin hohe Vanillepreis.

Lagerung
Vanilleschoten werden meist in verschließbaren Glasröhrchen angeboten. Auch ich empfehle für die Aufbewahrung des Vanillepulvers luftdichte Behälter, eventuell Schraubgläser.
Die Vanille ist auch deshalb eine passende Begleiterin unserer Schokolade, weil ihre positiven Wirkungen auf unseren Körper denen der Kakaobohne ähneln. So soll Vanille stimmungsaufhellend sein, Abgeschlagenheit bekämpfen und bei Angstzuständen beruhigen. Nicht umsonst duften viele Kerzen, Badezusätze und Cremes nach Vanille. Indianer benutzten früher Vanille sogar ganz gezielt zur Stärkung des Gehirns. Der Vanille wird wie der Schokolade eine aphrodisierende Wirkung nachgesagt.

Indianer benutzten früher Vanille sogar ganz gezielt zur Stärkung des Gehirns.

Das mag daran liegen, dass ihrer Mischung das Geheimnis einer unzerstörbaren Liebe innewohnt, die magische Geschichte eines mexikanischen Mädchens und ihres schönen Jungen. Dieser Zauber entsteigt dem zarten Duft, dem süßlich-würzigen Aroma und dem unvergleichlich harmonischen Geschmack unserer Schokolade.

Speisesalz – eine Prise für den guten Geschmack

Schon im Altertum, bei den Sumerern und Babyloniern fand Salz als Würzstoff oder zur Konservierung von Lebensmitteln Verwendung. Es war überall begehrt und so manche Stadt gründete ihren Reichtum auf das „weiße Gold". Auch heute können wir uns keine Küche ohne Salzstreuer vorstellen – es würde wortwörtlich das „Salz in der Suppe" fehlen. Bei der Herstellung von Fleisch- und Wurstwaren, Brot und Käse ist Salz ebenso unentbehrlich wie beim Würzen an Herd und Tisch. Speisesalz ist als Steinsalz oder Meersalz erhältlich, meist gereinigt und raffiniert.

Salz in der Schokolade:
In der Schokolade wirkt eine Prise Salz als Geschmacksverstärker und ist daher unabdingbarer Begleiter. Denn das Salz verringert die Löslichkeit der anderen organischen Würzstoffe und Aromen. Gerade dadurch können wir diese besser und intensiver wahrnehmen. Ich empfehle allerdings, nur sehr fein gemahlenes Salz zu verwenden. Sonst lassen sich wiederum die Salzkörner „salzig“ und unangenehm herausschmecken. Für die Schokolade eignet sich unbehandeltes, biologisches Meersalz, Fleur de Sel oder Himalayasalz.

Für die Schokolade eignet sich unbehandeltes, biologisches Meersalz, Fleur de Sel oder Himalayasalz.

Fleur de Sel, die Salzblume, ist die teuerste Sorte des Meersalzes. Als hauchdünne, oberste Schicht entsteht sie an heißen und windstillen Tagen in den Salzgärten der Meerwassersalinen, z.B. an der Algarve, in der Camargue oder der Bretagne. Fleur de Sel kommt immer ungewaschen in den Handel.
Himalayasalz, auch Ursalz genannt, ist ein rosa getöntes, fein gemahlenes Steinsalz, das zu einem großen Teil aus dem Salzbergwerk Khewra im Salzgebirge Pakistans stammt.

Rohkakao-Rezepte

Die Basis: ein Rezept – viele Möglichkeiten

Rohe Kakaobohnen sind ein lebendiges Nahrungsmittel und schmecken jedes Mal ein klein wenig anders: Schokoladenküche ist immer ein neues Abenteuer.

Ich habe mit sehr vielen unterschiedlichen Zutaten experimentiert, um eine leckere, gesunde Schokolade zu kreieren. Anfangs benutzte ich ausschließlich rohes, entöltes Kakaopulver, rohe Kakaobutter und rohen Edelkakao. Davon bin ich mittlerweile abgekommen, da rohes Kakaopulver sehr streng schmecken kann und verwende stattdessen das aromatische geröstete Kakaopulver. Die rohen Edelkakaobohnen bringen die Power in die Schokolade, das leicht geröstete, entölte Kakaopulver die extra Portion Aromen. Aber wer es ganz gesund haben möchte, benutzt für die Rezepte rohe Kakaobutter und rohes, entöltes Kakaopulver. Ich empfehle auf jeden Fall biologische Zutaten zu verwenden.
Mit dem folgenden Rezept gelingt die Rohkakao-Schokolade immer. Wenn Sie ein wenig Übung haben, variieren Sie mit den Mengen, bis Sie Ihre persönliche Lieblingskreation gefunden haben. Rohe Kakaobohnen sind ein lebendiges Nahrungsmittel und schmecken jedes Mal ein klein wenig anders: Schokoladenküche ist immer auch ein neues Abenteuer.
Das Rezept ist für eine Kaffeetasse (200 ml) ausgelegt. Wenn Sie eine größere Menge Schokolade herstellen möchten, nehmen Sie einfach einen Kaffeebecher (Fassungsvermögen 400ml) und nehmen die doppelte Menge Süßungsmittel (6 Esslöffel Honig und 6 Esslöffel Agavendicksaft), alternativ: Ahornsirup, Reissirup oder Yaconsirup. Für kleine Mengen können Sie eine Espressotasse nehmen und die Menge des Honigs und des Agavendicksaftes halbieren.

Mein Grundrezept für ca. 50 Pralinen, 440 g Schokolade

- 1 Tasse geschmolzene Kakaobutter
- 1 Tasse gemahlene rohe Edelkakaobohnen
- 1 Tasse entöltes geröstetes Kakaopulver
- 3 EL Honig und 3 EL Agavendicksaft (oder 6 EL Agavendicksaft)
- 1 Prise Salz
- 1 TL Bourbon-Vanille

Mein Tipp:
Für eine besonders leckere Schokolade noch zusätzlich 2 Esslöffel flüssige Kakaobutter zugeben. Das gibt einen runden, vollen Geschmack.

Die Kakaobutter in einem Wasserbad erwärmen. Dabei darf kein Wasser in die Kakaobutter gelangen.
Die restlichen Zutaten in eine Schüssel geben, nicht rühren.
Die geschmolzene Kakaobutter zu den Zutaten geben und jetzt mit einem Kochlöffel rühren, bis keine Klümpchen mehr zu sehen sind.
Abschmecken und evtl. mehr Agavendicksaft hinzufügen.
Falls die Schokoladenmasse zu dickflüssig sein sollte (wie ein Rührteig), dann die Schüssel nochmals 30 Sek. auf das Wasserbad stellen. Dabei ständig rühren. Wenn die Masse wieder glänzt und flüssig vom Löffel tropft, vom Wasserbad nehmen. Vorsicht: die Masse wird schnell zu heiß und schmeckt dann bitter.
Die flüssige Schokolade mit einem Löffel in die Pralinenförmchen füllen oder dünn auf dem Backpapier ausstreichen. Evtl. mit getrockneten Blüten, Nüssen oder Beeren verzieren.
30 min. im Kühlschrank kalt stellen.
Gesund genießen!

Mengenverhältnisse

150 g = 1 Tasse geschmolzene Kakaobutter
100 g = 1 Tasse gemahlene Edelkakaobohnen
70 g = 1 Tasse Kakaopulver
70 g = 3 ELHonig
50 g = 3 EL Agavendicksaft

Temperieren:

Wenn Sie eine Schokolade mit einem schönen, lang anhaltenden Glanz herstellen möchten, empfehle ich das Temperieren der Schokoladenmasse.
Die Schokolade bildet beim Abkühlen je nach Temperatur sechs unterschiedliche Kristallformen aus. Jedoch verleiht nur eine dieser Formen der Schokolade ihren lang anhaltenden seidigen Glanz. Deshalb muss die Schokoladenmasse nach einem bestimmten Prinzip erwärmt und abgekühlt werden:
Zunächst die Masse auf 35°C erwärmen, dann auf 28°C abkühlen lassen und wieder auf 32°C erwärmen, dann schnell im Kühlschrank herunterkühlen.
Bei längerer Lagerung bildet sich ohne Temperieren ein weißlicher Film auf der Schokolade. Das mag unschön aussehen, ist jedoch nur auskristallisierte Kakaobutter, am Geschmack oder gar an der Qualität der Schokolade ändert sich nichts. Und mal ehrlich: meist ist die Schokolade doch schon längst aufgegessen, bevor sie überhaupt die Chance hat, weißlichen Reif anzusetzen. Auf das aufwendige Temperieren kann daher je nach Gusto auch verzichtet werden.

Lagerung und Haltbarkeit

Lagerung:

Die Schokolade sollte in einem kühlen Raum, geschützt vor Sonneneinstrahlung gelagert werden. Die optimale Temperatur zur Aufbewahrung beträgt 12°C-18°C.
Der Kühlschrank ist nicht der beste Aufbewahrungsort, kann im Sommer aber durchaus nötig sein. Die Schokolade dann in eine luftdichte Dose legen, da sie schnell andere Gerüche annimmt. Vor dem Verzehr sollten Sie die Schokolade eine halbe Stunde aus dem Kühlschrank nehmen und auf Zimmertemperatur erwärmen lassen, damit sich die reichhaltigen Aromen entfalten können.

Haltbarkeit:

Mein Tipp:
Um den schönen Glanz zu erhalten, können die Pralinen direkt in der Silikonform aufbewahrt werden.

Die Schokolade ist mehrere Monate haltbar, frisch schmeckt sie jedoch am besten.
Wie bereits erwähnt, werden die Pralinen nach einiger Zeit matt und es kann auch vorkommen, dass sich ein leichter weißlicher Film auf der Oberfläche bildet. Dies ist keine Schimmel, sondern die Kakaobutter, die an die Oberfläche tritt, wenn keine Emulgatoren hinzugefügt werden und die Schokolade nicht temperiert ist. Geschmacklich hat dies jedoch keinen Einfluss auf die Pralinen. Um dem vorzubeugen, sollten die Pralinen keinen Temperaturschwankungen ausgesetzt sein und möglichst luftdicht verpackt werden. Für einen lang anhaltenden, seidigen Glanz sollte die Schokoladenmasse temperiert werden.
Bei sehr langer Lagerung von mehreren Monaten kann es passieren, dass der Honig auskristallisiert oder der Agavensirup an die

Oberfläche tritt. Dies sieht nur unschön aus, hat jedoch keine geschmacklichen Nachteile.

Tipps und Tricks

Alles eine Frage der Temperatur

Die Kakaobutter wird flüssig der Kakaomasse zugegeben und muss daher zunächst im Wasserbad geschmolzen werden. Dazu geben Sie die erforderliche Menge in eine Schüssel, die über Wasserdampf erhitzt wird. Kakaobutter schmilzt bereits bei 32°C. Schalten Sie den Herd aus oder verringern Sie die Temperatur, bevor das Wasser kocht, um der Gefahr vorzubeugen, dass Wasser in die Schüssel mit der Kakaobutter oder später in die Schokolade gelangt. Sonst flockt die ganze Masse später aus! Trocknen Sie die Schüssel auch immer ab, wenn sie aus dem Wasserbad genommen wird. Die Kakaobutter im Wasserbad hat die richtige Temperatur, wenn das letzte Stückchen Butter geschmolzen ist. Wird die flüssige Kakaobutter dann zu den restlichen Zutaten gegeben, hat die Schokoladenmasse eine Temperatur zwischen 30-33°C. Dies ist die optimale Temperatur zum Rühren dunkler Schokolade.

Die Schokoladenmasse kann beliebig oft im Wasserbad wieder erwärmt werden, auch wenn sie völlig fest geworden ist. Unbedingt darauf achten, dass die Temperatur nicht 40°C überschreitet, da sonst wertvolle Vitalstoffe verloren gehen und die Schokolade außerdem bitter werden kann. Meist genügen 30 Sekunden auf dem Wasserbad. Die Schokoladenmasse muss während des Erwärmens ständig gerührt werden.

Wie süß darf's denn sein? Süßmittel auf dem Prüfstand

Dies vorneweg: Zucker, auch Rohrzucker oder Puderzucker, eignet sich einfach nicht für unsere Schokolade. Er löst sich schlichtweg nicht in der Schokoladenmasse auf (vom gesundheitlichen Aspekt mal abgesehen). Als alternative Süßmittel bieten sich Ahornsirup, Reissirup oder Yacon-Sirup, vor allem jedoch Honig und Agavendicksaft an. Honig hat eine eher weiche Süße, während Schokolade mit Agavendicksaft klar und evtl. etwas streng schmeckt. Vorsicht bei manchen Sirups: enthalten sie einen hohen Wassergehalt, können sie unter Umständen zum Ausflocken der Schokoladenmasse führen. Dies kann insbesondere bei Zugabe einer größeren Menge Sirup geschehen, wenn eine sehr süße Schokolade gewünscht wird.

Abschmecken: die Mischung macht's!

Im flüssigen Zustand (und nur da!) können der Schokoladenmasse noch jederzeit Vanille, Süßmittel, gemahlene Kakaobohnen oder Kakaopulver zugegeben werden. Vanille verbindet die verschiedenen Aromen miteinander. Sie mildert die Säure und lässt ein rundes Aroma entstehen, wenn die Schokolade etwas fade schmeckt.

Eine zusätzliche Gabe von gemahlenen Kakaobohnen ist nötig, wenn die Schokolade etwas langweilig und nicht charakteristisch schmeckt. Ich empfehle da, einen Esslöffel herben Kakao, wie z.B. den Bali-Kakao hinzuzufügen. Kakaopulver bietet sich an, wenn die Schokoladenmasse zu grobkörnig ist. Und Kakaobutter setze ich zu, wenn die Schokoladenmasse „trocken“ oder „staubig“ schmeckt. Die Kakaobutter macht einen weichen, reichhaltigen und samtenen Geschmack.

Was gut geht und was man lieber lässt!

Um die Konsistenz der Schokolade weicher zu machen, können 1-4 Esslöffel weißes Mandel- oder Erdnussmus in die flüssige Masse gerührt werden. Ebenso eignet sich der feste Teil der Kokosmilch, der sich am oberen Rand der Dose absetzt.

Alkohol (Whiskey, Kirschlikör, Amaretto…) kann in Maßen zugegeben werden: ich empfehle 1-2 Esslöffel für das Grundrezept. Bei einer größeren Menge Alkohol flockt die Schokoladenmasse aus.
Amarant -Schokolade lässt sich schlecht im Wasserbad erwärmen, da sich die Amarantkörnchen vollsaugen. Daher darauf achten, dass die Schokoladenmasse warm genug ist, bevor Amaranth hinzugegeben wird.
Durch die Zugabe von Milchpulver und Sahne hebt sich die antioxidative, gesundheitsfördernde Wirkung der Kakaobohnen auf. Also lieber nicht!

Das Auge isst mit! Von Förmchen und Häppchen

Pralinenförmchen machen aus ihren Schoko-Häppchen richtige Hingucker. Auch manche Eiswürfelformen können für die Schokoladenherstellung benutzt werden. Im Handel sind jedoch Pralinenförmchen erhältlich, die sich nicht eignen. Bitte beachten Sie: Wenn die Oberfläche der Form glänzt, glänzen die Pralinen auch. Ich empfehle dabei, bestimmte Förmchen (z.B. Herzen, Muffins, Quadrate) nur bis zur Hälfte zu füllen, da die Pralinen sonst zu groß werden. Aus meiner Erfahrung bilden Pralinenförmchen nach rund einer Woche immer einen weißlichen Film an der Oberfläche. Das ist kein Schimmel, sondern auskristallisierte Reste der Kakaobutter. Daher müssen die Förmchen vor (und nicht unbedingt nach) jedem Gebrauch gespült werden. Zur Reinigung der Pralinenförmchen empfiehlt der Hersteller die Spülmaschine. Ich verwende jedoch nur klares, heißes Wasser.

Für Bruchschokolade kann die Schokoladenmasse auf Backpapier ca. 2 mm dick ausgestrichen und mit Blüten, Nüssen oder Beeren verziert werden. Das sieht apart aus und geht wirklich einfach. Ca. 30 Minuten bei Raumtemperatur stehen lassen und in mundgerechte Stücke brechen. Es können auch kleine Häufchen mit einem Löffel geformt werden, die auf Backpapier erkalten. Die Schokolade kann aus den Förmchen herausgedrückt werden, wenn sie fest ist und glänzt. Sollten die Pralinen noch matt sein, einfach nochmals für ein paar Minuten in den Kühlschrank stellen.

Anleitung Grundrezept

1. Die Kakaobutter im Wasserbad erwärmen.
2. Die gemahlenen Kakaobohnen, das entölte Kakaopulver, die Vanille und das Salz in die Schüssel geben.
3. Honig und Agavendicksaft hinzufügen.
4. Eine Tasse Kakaobutter abmessen.
5. Die flüssige Kakaobutter zu den restlichen Zutaten in die Schüssel geben.
6. Die Schokoladenmasse rühren...
7. ...bis keine Klümpchen mehr zu sehen sind.
8. Abschmecken
9. Die Schokoladenmasse in die Pralinenförmchen füllen.

So einfach ist es!

Rezepte:
Pralinen und mehr...

Cashew-Schokolade

Mögen Sie lieber Schokolade mit Nüssen oder Nüsse mit Schokolade? Sie können selbst Ihre Lieblings-Schoko-Kreation erfinden!

1 Tasse geschmolzene Kakaobutter
1 Tasse Edelkakaobohnen
1 Tasse entöltes Kakaopulver
3 EL Honig und 3 EL Agavendicksaft
oder 6 EL Agavendicksaft
1 Prise Salz
1 TL Bourbon-Vanille
3 EL weißes Mandelmus
2-3 Tassen kleingehackte Cashew-Kerne

für ca. 80 Pralinen

Mein Tipp: Die Nüsse kurz in einer Pfanne anrösten, ergibt ein herrliches Aroma.

Das Grundrezept Rohkakao-Schokolade (siehe S. 84) herstellen und das Mandelmus unterrühren. Die Nüsse in die Schokoladenmasse rühren und in die Pralinenförmchen füllen. 30 Minuten im Kühlschrank kaltstellen.
Sie können auch andere Nüsse verwenden: Haselnüsse, Pistazienkerne oder Walnüsse. Mit Mandelstiften sieht die Schokolade nach dem ersten Biss schwarz-weiß gestreift aus.

raffinierte Pralinenfüllung:

1 Tasse Cashew
3 EL Ahornsirup
½ TL Vanille

Die Cashews in einem Mixer zu einem feinen Pulver vermahlen. Das Pulver in eine Schüssel geben und mit dem Ahornsirup und der Vanille vermengen, bis eine Paste entsteht. Die Pralinenförmchen jeweils 2 mm mit der Schokoladenmasse füllen. Das Förmchen schwenken, damit die Masse an den Seitenwänden fest werden kann. Einen Teelöffel der Cashew-Füllung in jedes Pralinenförmchen geben und mit Schokolade auffüllen. 30 Minuten in den Kühlschrank stellen.

Beeren-Schokolade

Sauerkirschen, Maulbeeren, Gojibeeren oder ganz traditionell Rosinen? Auf jeden Fall wird es fruchtig.

1 Tasse geschmolzene Kakaobutter
1 Tasse Edelkakaobohnen
1 Tasse entöltes Kakaopulver
3 EL Honig und 3 EL Agavendicksaft oder 6 EL Agavendicksaft
1 Prise Salz
1 TL Bourbon-Vanille
2 Tassen getrocknete Beeren

für ca. 80 Pralinen

Maulbeeren

Das Grundrezept Rohkakao-Schokolade (siehe S. 84) herstellen. Die Beeren in die Schokoladenmasse rühren und in die Pralinenförmchen füllen.
30 Minuten im Kühlschrank kalt stellen.

Mein Beerenfavorit:
Sauer-süß-gesund: ½ Tasse getrocknete Berberitzen, ½ Tasse Cranberries, ½ Tasse Gojibeeren
Es sieht sehr hübsch aus, wenn Sie nach dem Füllen des Förmchens die Unterseite der Pralinen mit Gojibeeren verzieren.

getrocknete Cranberries

Die Gojibeere

In getrocknetem Zustand erinnert sie an ein kleines rotes Gummibärchen, in der Schokolade entfaltet sie ihre ganze Kraft. Die Gojibeere gilt in der traditionellen chinesischen Medizin schon lange als eine Wunderwaffe, sie wird gegen Bluthochdruck und erhöhten Blutzucker, bei Problemen mit den Augen, zur allgemeinen Unterstützung des Immunsystems sowie zur Vorbeugung und Behandlung von Krebs eingenommen. Zurückzuführen ist das auf ihre starken antioxidativen Eigenschaften und ihre Reichhaltigkeit an Vitaminen und Spurenelementen. Gojibeeren sind die Früchte des Gemeinen Bocksdorns, eines sommergrünen Strauchs, der von Südosteuropa bis China heimisch ist, aber auch in unseren Gärten gedeiht.

Die leuchtend roten Beeren können roh, gekocht oder getrocknet verzehrt werden.

Sie schmecken in Müslis, Nachtischen, Salaten, in Eis und, natürlich, Schokolade.

Scharfe Paprika-Mandel-Häufchen

1 Tasse geschmolzene Kakaobutter
1 Tasse gemahlene Edelkakaobohnen
1 Tasse entöltes Kakaopulver
3 EL Honig und 3 EL Agavendicksaft oder 6 EL Agavendicksaft
1 Prise Salz
1 TL Bourbon-Vanille
3½ Tassen Mandelstifte
1 TL scharfes Paprikapulver
oder
½ TL Chilipulver

für ca. 80 Mandel-Häufchen

Das Grundrezept Rohkakao-Schokolade (siehe S. 84) herstellen und das Paprikapulver unterrühren. Die Mandelstifte in die Schokoladenmasse geben und verrühren. Mit einem Esslöffel kleine Häufchen auf ein Backpapier legen und 1 Stunde erkalten lassen.

Mein Tipp:
Chili- und Paprikapulver sind sehr unterschiedlich in ihrer Schärfe. Vorsicht mit der Dosierung. Besser etwas weniger und dann nachwürzen.
Ich liebe es, wenn ich zunächst süße Schokolade schmecke und dann im Abgang erst die Schärfe zu spüren ist.

Für After-Eight-Fans

Pfefferminz-Schokolade

1 Tasse geschmolzene Kakaobutter
1 Tasse Edelkakaobohnen
1 Tasse entöltes Kakaopulver
3 EL Honig und 3 EL Agavendicksaft
oder 6 EL Agavendicksaft
1 Prise Salz
1 TL Bourbon-Vanille
3 bis 4 Tropfen biologisches Pfefferminzöl

für ca. 50 Pralinen

Das Grundrezept Rohkakao-Schokolade (siehe S. 84) herstellen. Pfefferminzöl in die Masse geben. Nochmals gut rühren und in die Pralinenförmchen geben.
30 Minuten im Kühlschrank kaltstellen.

Mein Tipp:
Sie können auch frische Pfefferminzblätter in die flüssige Kakaobutter legen. Die Kakaobutter nimmt nach einigen Stunden den Pfefferminzgeschmack an.

Espresso-Schokolade „Good Friends"

Kaffee und Schokolade mögen sich gerne, sie haben ein sehr ähnliches Aromaspektrum. Besonders gut schmecken die Pralinen, wenn zunächst sich das Kakaoaroma im Mund eröffnet und im Abgang die Kaffeenoten dominieren. Hier ein wenig mit den Mengen des Espressopulvers spielen.

1 Tasse geschmolzene Kakaobutter
1 Tasse gemahlene Edelkakaobohnen
1 Tasse entöltes Kakaopulver
3 EL Honig und 3 EL Agavendicksaft oder 3 EL Agavendicksaft
1 Prise Salz
1 TL Bourbon-Vanille
2 bis 3 TL sehr fein gemahlenes Espresso-Kaffeepulver

für ca. 50 Pralinen

Das Grundrezept Rohkakao-Schokolade (siehe S. 84) herstellen. Das Espressopulver in die Masse geben. Nochmals gut rühren und in die Pralinenförmchen geben.
30 Minuten im Kühlschrank kalt stellen.

Mein Tipp:
Für die Espresso-Schokolade eignen sich besonders flache Pralinenformen, wie z.B. die Täfelchen Formen.

Sommerschokolade Zitrone-Amaranth

1 Tasse geschmolzene Kakaobutter
1 Tasse gemahlene Edelkakaobohnen
1 Tasse entöltes Kakaopulver
3 EL Honig und 3 EL Agavendicksaft oder 6 EL Agavendicksaft
1 Prise Salz
1 TL Bourbon-Vanille
4 Tropfen biologisches Zitronenöl
1 EL fein abgeriebene Schale einer Bio-Zitrone
2 Tassen gepuffter Amaranth oder gepuffter Reis

für ca. 80 Pralinen

Das Grundrezept Rohkakao-Schokolade (siehe S. 84) herstellen. Das Zitronenöl und die abgeriebene Zitronenschale in die Masse geben und gut verrühren. Den Amaranth zugeben und nochmals rühren. Die Schokoladenmasse sofort in die Pralinenförmchen füllen.
30 Minuten im Kühlschrank kalt stellen.

Mein Tipp:
Die Amaranth-Schokoladenmasse kann nicht wieder auf dem Wasserbad erwärmt werden, da sich der Amaranth vollsaugt und eine zähe Masse entsteht. Daher die Masse gleich verarbeiten.

Rosenblüten Bruch-Schokolade

oder mit Pistazien

Bruch-Schokolade

1 Tasse geschmolzene Kakaobutter
1 Tasse Edelkakaobohnen
1 Tasse entöltes Kakaopulver
3 EL Honig und 3 EL Agavendicksaft oder 6 EL Agavendicksaft
1 Prise Salz
1 TL Bourbon-Vanille
4 EL getrocknete Rosenblütenblätter
1 bis 2 Tropfen biologisches Rosen-Aromaöl

für 440 g Schokolade

Das Grundrezept Rohkakao-Schokolade (siehe S. 84) herstellen. 1-2 Tropfen Rosenöl in die Masse geben. Nochmals gut rühren. Die Schokoladenmasse 2mm dick auf einem Backpapier ausstreichen, mit den Rosenblüten verzieren. 30 Minuten erkalten lassen und die Schokolade in mundgerechte Stücke brechen.

Die Rosenblüten in der Hand verreiben und zerbröseln. Zu große Blätter schmecken „strohig“.

Besonders hübsch sieht eine Blütenmischung mit unterschiedlich farbigen Blüten aus, z.B. „Flower Power“ von Sonnentor.

Mein Tipp:
Für die Bruch-Schokolade finden sich immer wieder neue farbliche und geschmackliche Kombinationen, die wunderschön aussehen: klein gehackte grüne Pistazien mit rosa Pfeffer, Cashews mit roten Cranberries oder gelbe Blütenpollen mit rotem Fruchtpulver. Probieren Sie ihre eigenen Ideen einfach aus!

Marzipan-Schokolade

1 Tasse geschmolzene Kakaobutter
1 Tasse gemahlene Edelkakaobohnen
1 Tasse entöltes Kakaopulver
3 EL Honig und 3 EL Agavendicksaft
oder 6 EL Agavendicksaft
1 Prise Salz
1 TL Bourbon-Vanille
200 g Bio-Honigmarzipan

für ca. 60 Pralinen

Das Grundrezept Rohkakao-Schokolade (siehe S. 84) herstellen.
Das Marzipan in 3 mm dicke Vierecke oder Kreise (entsprechend der Pralinenform) schneiden.
Die Pralinenförmchen 2 mm mit Schokolade füllen und dann das Pralinenförmchen schwenken, so dass die Schokolade die Seitenwand der Förmchen bedeckt. Die Marzipanscheiben hineinlegen und mit der Schokoladenmasse auffüllen.
30 Minuten im Kühlschrank kalt stellen.

Amaranth-Riegel

Kinder lieben Cranberries und werden diesen gesunden Pausensnack gerne essen.

½ Tasse geschmolzene Kakaobutter
½ Tasse gemahlene Edelkakaobohnen
½ Tasse entöltes Kakaopulver
1 EL Honig und 2 EL Agavendicksaft oder 3 EL Agavendicksaft
1 Prise Salz
½ TL Bourbon-Vanille
2 Tassen Amaranth
2 Tassen Cranberries

für ca. 12 Riegel

Ein halbes Grundrezept Rohkakao-Schokolade (siehe S. 84) herstellen, 1 ½ Tassen Amaranth unterrühren. Die Masse ½ cm dick zu einem Rechteck auf einem Backpapier ausstreichen. Mit ½ Tasse Amaranth bestreuen, die Cranberries darauf verteilen und etwas andrücken. Eine Stunde erkalten lassen und anschließend mit einem Messer in 3 x 7 cm große Rechtecke schneiden.

Two Colours

½ Tasse geschmolzene Kakaobutter
½ Tasse Edelkakaobohnen
½ Tasse entöltes Kakaopulver
1 EL Honig und 2 EL Agavendicksaft
oder 3 EL Agavendicksaft
1 Prise Salz
½ TL Bourbon-Vanille
250 g getrocknete Aprikosen

für ca. 40 Pralinen

Das Grundrezept Rohkakao-Schokolade (siehe S. 84) herstellen. Die Pralinenförmchen zur Hälfte mit der Schokoladenmasse füllen. 15 Minuten im Kühlschrank erkalten lassen.
Die Aprikosen in einem Standmixer zu einer Paste mixen. Evtl. 1 Esslöffel Wasser zugeben, damit der Mixer die Masse besser verarbeiten kann.
1 Teelöffel von der Masse nehmen und jeweils in eine Pralinenform auf die Schokolade flach drücken. Nochmals eine halbe Stunde kalt stellen.

Bouncy

Für die Füllung:

2 Tassen Kokosflocken
6 EL Agavendicksaft
½ Tasse geschmolzene Kakaobutter

Für die Schokolade:

1 Tasse geschmolzene Kakaobutter
1 Tasse Edelkakaobohnen
1 Tasse entöltes Kakaopulver
3 EL Honig und 3 EL Agavendicksaft
oder 6 EL Agavendicksaft
1 Prise Salz
1 TL Bourbon-Vanille

für ca. 40 Stück

Die Kakaobutter im Wasserbad schmelzen. Die Kokosflocken, den Agavendicksaft und die flüssige Kakaobutter in eine Schüssel geben und vermengen. Die Masse für ca. 15 Minuten auf das Wasserbad stellen, bis sich die Kokosflocken vollgesaugt haben.
Ca. eine halbe Stunde abkühlen lassen, bis die Masse beginnt fest zu werden.
Kleine Bällchen formen oder die Masse in Pralinenförmchen füllen.
Im Kühlschrank 20 Minuten kalt stellen.
Das Grundrezept Rohkakao-Schokolade (siehe S. 84) herstellen und die Kokosbällchen darin eintauchen. Die Bällchen auf einem Kuchengitter, das auf einer Schüssel steht, kurz abtropfen lassen und auf einem Backpapier erkalten lassen.
Evtl. noch ein zweites Mal in die Schokolade tauchen.

nicht nur für Gäste!

Zitronen-Kakao-Kuchen

Dieser Kuchen wird nicht im Ofen gebacken, sondern stattdessen in den Gefrierschrank gestellt. Viele wertvolle Vitalstoffe, die in der Hitze des Backofens zerstört würden, bleiben somit erhalten.

Zutaten für den Boden:

2 Tassen Mandeln
1 Tasse gemahlene Edelkakaobohnen
1½ Tassen Rosinen
½ TL Bourbon-Vanille

Zutaten für den Belag:

3 Tassen Cashew-Nüsse
½ bis ¾ Tasse Agavendicksaft
½ Tasse Wasser
½ bis ¾ Tasse Zitronensaft
½ Teelöffel Vanille
½ Tasse Kakaobutter
½ Zitrone in Scheiben geschnitten zum Verziehren

Mein Tipp:
In den Belag können zusätzlich 200 g gefrorene Himbeeren eingerührt werden.

Cashews in eine Schüssel geben, mit Wasser bedecken und eine Stunde einweichen lassen.
Kakaobutter im Wasserbad schmelzen.
Für den Boden die Mandeln im Mixer fein mixen. Kakao, Rosinen und Vanille zugeben und nochmals mixen bis eine Teigkugel entsteht. Den Boden in einer kleinen Kuchenform (Durchmesser 18 cm) oder einer flachen Keramikform 5 mm dick verteilen und andrücken.
Cashew-Nüsse, Agavendicksaft, Wasser, Zitronensaft und Vanille im Mixer zu einer Creme mixen. Flüssige Kakaobutter zugeben und nochmals gut mixen, bis eine cremige Masse entstanden ist.
Den Belag auf den Boden geben, mit den Zitronenscheiben verzieren. Den Kuchen in das Gefrierfach stellen und mind. 2 Stunden gefrieren lassen.
10 Minuten vor dem Verzehr aus dem Gefrierfach nehmen.

schön zum Verschenken!

Mini-Törtchen

½ Tasse geschmolzene Kakaobutter
½ Tasse gemahlene Edelkakaobohnen
½ Tasse entöltes Kakaopulver
1 EL Honig und 2 EL Agavendicksaft
oder 3 EL Agavendicksaft
1 Prise Salz
½ TL Bourbon-Vanille
3 EL weißes Mandelmus
2 Tassen Haselnüsse
1¼ Tassen Rosinen

für ca. 40 Pralinen

Das halbe Grundrezept Rohkakao-Schokolade (siehe S. 84) herstellen und das Mandelmus einrühren. Die Pralinenförmchen bis zur Hälfte mit der Schokoladenmasse füllen. 15 Minuten im Kühlschrank erkalten lassen.
In einem Standmixer die Haselnüsse fein vermahlen, Rosinen zugeben und nochmals mixen, bis eine Paste entsteht. Falls die Paste zu krümelig ist, etwas mehr Rosinen zugeben. Die Paste aus dem Mixer nehmen und nochmals von Hand kneten. Mit dem Esslöffel kleine Kugeln abstechen und auf die feste Schokolade in den Pralinenförmchen drücken.
Eine halbe Stunde in den Kühlschrank stellen.

Schokolierte Früchte

½ Tasse geschmolzene Kakaobutter
½ Tasse gemahlene Edelkakaobohnen
½ Tasse entöltes Kakaopulver
1 EL Honig und 2 EL Agavendicksaft
oder 3 EL Agavendicksaft
1 Prise Salz
½ TL Bourbon-Vanille

Für ca. 400 g getrocknete Apfelringe
oder 400 g Bananenchips,
oder ca. 300 g frische Erdbeeren

Ein halbes Grundrezept Rohkakaoschokolade (siehe S. 84) herstellen. Die Früchte in die Schokoladenmasse tauchen, mit einer Gabel herausholen und abtropfen lassen. Zum Erkalten auf ein Backpapier legen.

Mein Tipp:
Sie erhalten einen gleichmäßigen Schokoladenüberzug, wenn Sie die Früchte nach dem Schokobad auf ein Kuchengitter legen, das auf einer Schüssel steht. Die Schokolade 2 Minuten abtropfen lassen und dann erst auf das Backpapier legen. Die Schokolade in der Schüssel können Sie wieder im Wasserbad erwärmen und Pralinen daraus herstellen.
Es sieht besonders hübsch aus, wenn sie nur eine Hälfte der Früchte schokolieren.

Kinder-Schoko-Party mit Spießchen oder Fondue

Zutaten für 10 Spießchen:

½ Tasse geschmolzene Kakaobutter
½ Tasse gemahlene Edelkakaobohnen
½ Tasse entöltes Kakaopulver
1 EL Honig und 2 EL Agavendicksaft oder 3 EL Agavendicksaft
1 Prise Salz
½ TL Bourbon-Vanille
Früchte: Banane, Birne, Kiwi, Melone...

Ein halbes Grundrezept Rohkakaoschokolade (siehe S. 84) herstellen.
Das Obst in 2 cm große Scheiben oder Würfel schneiden.
Die Obststücke nacheinander in die Schokoladenmasse tauchen, auf einem Kuchengitter kurz abtropfen lassen und jeweils 5 Obststückchen auf ein Spießchen stecken.
Auf ein Backpapier legen und erkalten lassen.
Am selben Tag verzehren.

Mein Tipp:
Stellen Sie das Kuchengitter auf eine Schüssel, damit die überflüssige Schokolade der Obststückchen in die Schüssel tropft. Die Schokoladenreste können Sie nochmals vorsichtig auf dem Wasserbad erwärmen und leckere Pralinen daraus herstellen.

Sehr beliebt bei Kindern ist das Schokofondue! Hierfür die Schokoladenmasse auf ein Stövchen mit einem Teelicht stellen und das geschnittene Obst auf einem Teller anrichten.

Brotaufstrich

½ Tasse geschmolzene Kakaobutter
½ Tasse gemahlene Edelkakaobohnen
½ Tasse entöltes Kakaopulver
1 EL Honig und 2 EL Agavendicksaft
oder 3 EL Agavendicksaft
1 Prise Salz
½ TL Bourbon-Vanille

2 Tassen weißes Mandelmus
4 bis 6 EL Agavendicksaft

Das halbe Grundrezept Rohkakao-Schokolade (siehe S. 84) herstellen. Das Mandelmus und den Agavendicksaft unterrühren, in ein Marmeladeglas füllen und 2 Stunden fest werden lassen.

Mein Tipp:
Für kleine Schleckermäuler können Sie den Brotaufstrich süßer machen und nochmals 4 Esslöffel Agavendicksaft zugeben. Wenn Sie mehr Kakaogeschmack möchten, zusätzlich 1 Esslöffel entöltes Kakaopulver in die Schokoladenmasse geben.

Gute-Laune-Frühstück

Ein vollwertiger Power-Start in den Tag –
Wachmacher und Gute Laune in konzentrierter Form

½ Tasse Mandelstifte
½ Tasse Kakaobohnen
1 EL Agavendicksaft

Obst nach Jahreszeit
z.B.: Ein Apfel, eine Banane und eine Orange

für 2 Personen

Das Obst in kleine Stücke schneiden und in zwei Müslischalen geben.
Die Kakaobohnen kleinhacken und zusammen mit den Mandelstiften auf den Obstsalat geben.
Nach Belieben mit Agavendicksaft süßen.

Power-Snack

Fruchtkonfekt

2 Tassen Cranberries
1 Tasse gemahlene Edelkakaobohnen
3 EL Fruchtpulver

für ca. 30 Kugeln

Die Cranberries in einem Mixer pürieren, das Kakaopulver zugeben und nochmals mixen bis eine feste Teigkugel entstanden ist.
Die Teigkugel nochmals von Hand durchkneten und kleine Bällchen formen.
Die Bällchen in dem Fruchtpulver wälzen.

Mein Tipp:
Als Variation für das Fruchtkonfekt können Sie ganz unterschiedliche Trockenfrüchte wie z.B. Sauerkirschen, Maulbeeren, Rosinen, Softaprikosen oder getrocknete Pflaumen verwenden.

Energy-Balls

1 Tasse Mandeln
1 Tasse gemahlene Edelkakaobohnen
1 Tasse entöltes Kakaopulver
2 EL Agavendicksaft
2 EL Honig
1 Tasse Kakaobutter

Für die Außenseite:

3 EL Kakaopulver oder
4 EL Kokosraspel

für ca. 50 Stück

Die Kakaobutter im Wasserbad schmelzen.
Mandeln im Mixer zu einem feinen Pulver mixen.
Alle Zutaten in eine Schüssel geben und zu einem Teig verrühren.
Abschmecken und evtl. mehr Honig dazugeben.
Ca. 15 Minuten abkühlen lassen, bis die Masse beginnt, fest zu werden.
Kleine Kugeln in der Hand formen und im Kakaopulver wälzen.
Auf ein Backpapier legen und fest werden lassen.

Mein Tipp:
Ich verstecke in einer einzigen Kugel eine ganze Mandel. Wer diese Mandel findet, muss an diesem Tag nicht abspülen, bekommt eine Überraschung oder er hat einen Wunsch frei… Meine Kinder essen deshalb unzählige Energy-Balls!

Trinkschokolade

200 ml Reismilch
2 EL gemahlene Kakaobohnen
1 EL entöltes Kakaopulver
1 EL Honig

Rezept gilt für eine Tasse

Die Reismilch erwärmen, bis sie lauwarm ist. Alle Zutaten in die Tasse geben und umrühren.

Mein Tipp:
Wer mehr Abwechslung will, schmeckt noch mit Chili, Ingwer, Kardamom oder Zimt ab.

Schoko-Blätter

1 Tasse geschmolzene Kakaobutter
1 Tasse Edelkakaobohnen
1 Tasse entöltes Kakaopulver
1 EL Honig und 2 EL Agavendicksaft
oder 3 EL Agavendicksaft
1 Prise Salz
½ TL Bourbon-Vanille

Unterschiedliche Blätter mit schöner Struktur (z.B. Birke, Hainbuche, Zitronenmelisse, Pfefferminze, Lorbeerblätter)

Unterschiedliche Blätter mit schöner Struktur. Die Blätter waschen und trocknen lassen.
Das Grundrezept Rohkakao-Schokolade (siehe S. 84) herstellen, die Blätter dünn mit Schokolade bestreichen und eine halbe Stunde kalt stellen. Die Baumblätter vorsichtig abziehen, die Schokoblätter genießen.

Mein Tipp
Die Schokoblätter sehen sehr hübsch als Verzierung auf einem Kuchen aus.

Schokoladencreme

2 **reife Avocados**
3 **EL gemahlene Kakaobohnen**
2 **EL entöltes Kakaopulver**
3 **EL Agavendicksaft**
½ **TL Bourbon-Vanille**
1 **Msp Zimt**

nach Belieben:
2 **Tropfen biologisches Orangen-Aromaöl**
1 **Orange**

für 2 Personen

Vielleicht verraten Sie ihren Gästen erst nach dem Essen, dass die Grundzutat für dieses leckere Dessert Avocados sind…

Die Avocado halbieren, den Kern herauslösen, mit einem Löffel das Fleisch entfernen und in einen Mixer geben. Die Avocado fein pürieren. Anschließend Kakao, Vanille und Zimt zugeben und nochmals kürz pürieren.
Eine Stunde in den Kühlschrank stellen.
Die Orange schälen und in dünne Scheiben schneiden.
Auf einem Dessert-Teller 3-4 Orangenscheiben legen und mit einem Löffel die Schokoladen-Creme in kleinen Häufchen darauf anrichten.

Mein Tipp:
Die Schokoladen-Creme schmeckt auch lecker als Eissorbet:
Die fertige Creme in Silikonförmchen füllen und zwei Stunden ins Gefrierfach stellen.

Mousse au chocolat

Ohne Ei, ohne Sahne – ganz einfach herzustellen und unglaublich lecker!

½ Tasse geschmolzene Kakaobutter
½ Tasse gemahlene Edelkakaobohnen
½ Tasse entöltes Kakaopulver
1 EL Honig und 2 EL Agavendicksaft oder 3 EL Agavendicksaft
1 Prise Salz
½ TL Bourbon-Vanille

2 Päckchen Sojasahne
4 bis 6 EL Agavendicksaft
1 Tasse Blaubeeren

für 6 Personen

Ein halbes Grundrezept (siehe S. 84) herstellen.
Die Sojasahne mit einem Rührgerät steif schlagen. Dies dauert etwas länger als bei herkömmlicher Sahne. Die Sojasahne wird auch nicht ganz so fest wie Schlagsahne. Die Schokolade langsam in die Sojasahne gießen und gleichzeitig mit dem Rührgerät rühren bis eine gleichmäßige Masse entstanden ist. Nach Belieben noch 4-6 Esslöffel Agavendicksaft zugeben und nochmals kurz rühren. Mit einem Esslöffel kleine Häufchen abstechen und auf einem Dessertteller anrichten. Die Mousse mit den Blaubeeren verzieren. Sofort servieren und genießen.
Wenn die Mousse länger stehen bleibt, wird sie sehr fest. Schmeckt auch gut, aber ich liebe sie cremig und serviere sie immer sofort.

Mein Tipp:
Wenn Sie einen noch intensiveren Schokoladengeschmack mögen, dann geben Sie in die fertige Mousse nochmals 1-2 Esslöffel entölten Kakao, kurz verrühren.

Schokoladen-Eis

2 **Bananen**
3 **EL gemahlene Kakaobohnen**
3 **EL entöltes Kakaopulver**
3 **EL Agavendicksaft**

nach Belieben:
2 **EL Kakaonibs**
1 **EL Kokosflocken**

für 2 Portionen

Die Bananen schälen, in kleine Stückchen schneiden und 3 Stunden ins Gefrierfach stellen.
Die gefrorenen Bananen zusammen mit den restlichen Zutaten (außer den Kokosflocken) im Mixer pürieren. Evtl. 1-2 Esslöffel Wasser zugeben, wenn der Mixer die Masse schlecht verarbeiten kann. Die Eiscreme in Dessertschälchen geben und mit den Kokosflocken verzieren.

mit Nibs

Mein Tipp:
Stracciatella-Eis:
In die fertige Eiscreme flüssige Schokolade eintröpfeln, nochmals kurz mixen.

Kakao-Smoothies

eiskalt:

1 l Quellwasser
3 EL weißes Mandelmus
2 bis 6 EL gemahlene Kakaobohnen
2 EL entöltes Kakaopulver
3 EL Agavendicksaft
½ TL Bourbon-Vanille
ca. 10 Eiswürfel

für 4 Personen

Alle Zutaten bis auf die Eiswürfel in einen Standmixer geben und 30 Sekunden mixen. Die Eiswürfel zugeben und nochmals kurz mixen.

... oder warm:

Zutaten wie oben, jedoch warmes Quellwasser verwenden (nicht heißer als 42° C)
½ Teelöffel Zimt dazugeben und in einem Standmixer 30 Sekunden mixen.

Quellennachweis

1 www.spiegel.de/wissenschaft/mensch/genussgetraenk-kakaodroehnung...html
2 Coe, Michael D.: Die wahre Geschichte der Schokolade. S.Fischer Verlag GmbH, Frankfurt 1997, S. 120
3 Hoffmann, Simone: Die Welt des Kakaos. Neuer Umschau Buchverlag GmbH, Neustadt an der Weinstraße 2008, S. 14
4 Coe, Michael D.: Die wahre Geschichte der Schokolade. S.Fischer Verlag GmbH, Frankfurt 1997, S. 131/132
5 Coe, Michael D.: Die wahre Geschichte der Schokolade. S.Fischer Verlag GmbH, Frankfurt 1997, S. 203
6 Hoffmann, Simone: Die Welt des Kakaos. Neuer Umschau Buchverlag GmbH, Neustadt an der Weinstraße 2008, S. 24
7 Verein der am Rohkakaohandel beteiligten Firmen e. V.: Geschäftsbericht 2012/2013
8 http://www.chocosuisse.ch/web/chocosuisse/de/documentation...html
9 Durry, Andrea und Schiffer, Thomas: Kakao-Speise der Götter, Oekom Verlag, München 2012, S. 65
10 Ebenda, S. 68
11 Geenpeace Magazin 3/2009: Michael Obert, Kinderschokolade (http://www.greenpeace-magazin.de......kinderschokolade)
12 Durry, Andrea und Schiffer, Thomas: Kakao-Speise der Götter, Oekom Verlag, München 2012, S. 73
13 Ebenda, S. 99
14 Ebenda, S. 99
15 Science Daily und Focus, beide vom 12.3.2007
16 Focus Magazin 12.3.2007
17 http://www.goethe.de/ins/...index.htm 3.11.2013
18 Prof. Dr. med. Béliveau, Richard und Dr. med. Gingras, Denis: Krebszellen mögen keine Himbeeren, Goldmann München 2010 S. 289
19 Wolfe, David: Superfoods, North Atlantic Books, Berkley 2009, S. 41
20 Watzl, Bernhard und Rechkemmer, Gerhard: Flavonoide. Ernährungs-Umschau 48/2001 Hrsg. V. Bundesforschungsinstitut für Ernährung und Lebensmittel.
21 http://www.dife.de/de/index.....pressemitteilungen.php 3.11.2013
22 Nature 2003, Vol. 424, S. 1013
23 Durry, Andrea und Schiffer, Thomas: Kakao-Speise der Götter, Oekom Verlag, München 2012, S. 250
24 Süddeutsche Zeitung vom 27.3.2012, der Artikel beruft sich hierbei auf das Fachblatt Archives of Internal Medicine www.sueddeutsche.de/gesundheit/ernaehrung-schokolade-kann-schlank-machen-3.11.2013
25 Wolfe, David and Shazzie: Naked Chocolate, North Atlantic Books, Berkley 2005, S. 65
26 chocqlate.com und eigene Laboranalysen
27 https://www.chocqlate.com/Naehrwerte/ 3.11.2013
28 von Schacky,.... „Omega-3-Fettsäure" wikipedia, 25.10.2012

Literaturverzeichnis

Adam, Olaf, Peter Schauder, Günter Ollenschläger: *Ernährungsmedizin: Prävention und Therapie.* 3. Auflage, Elsevier, Urban & Fischer Verlag, 2006

Béliveau, Richard Prof. Dr. med. und Gingras, Dr. med. Denis: *Krebszellen mögen keine Himbeeren.* Wilhelm Goldman Verlag, München 2010

Coe, Sophie D. und Coe, Michael D. *The true history of chocolate.* Thames and Hudson, London 1996/2007

Der Feinschmecker, Bookazine Nr. 10: *Alles über Schokolade.* Jahreszeiten Verlag, Hamburg 2007

Deutsche Gesellschaft für Ernährung (Hrsg.): *Ernährungsbericht 2008.* Bonn 2008, S. 335–346

Durry, Andrea und Schiffer, Thomas: *Das Schokoladenmuseum, Geschichte und Gegenwart der Schokolade:* Schokoladenmuseum Köln, Köln 2008

Durry, Andrea und Schiffer, Thomas: *Speise der Götter.* Oekom Verlag München 2012

Franke, Gunther und Pfeiffer, Albrecht: *Der Kakao.* A. Ziemsen Verlag 1964

Hesker, Prof. Dr. Helmut und Hesker, Beate: *Die Nährwerttabelle.* 2. Auflage 2012 Neuer Umschau Buchverlag, Neustadt an der Weinstraße 2010

Hoffmann, Simone: *Die Welt des Kakaos.* Neuer Umschau Buchverlag, Neustadt an der Weinstraße 2008

Michael Obert: *Geenpeace Magazin* 3/2009 Kinderschokolade (http://www.greenpeace-magazin.de/magazin/archiv/3-09/schokolade/?no_cache=1&sword_list%5B%5D=kinderschokolade)

Imhof, Paul: *Nach allen Regeln der Kunst, Von der Cacaobohne zur Edelschokolade.* Wird Verlag, Zürich

in`t Veld, Holger: *Schokoladen Rebellen.* Der Sound der neuen Kakao-Kultur Eichborn, Frankfurt 2010

Menninger, Annerose: *Genuss im kulturellen Wandel. Tabak, Kaffee, Tee und Schokolade in Europa.* Franz Steiner Verlag, Stuttgart 2008

Presilla, Marciel: *Schokolade, die süßeste Verführung.* Collection Rolf Heyne, München 2001

Watzl, Bernhard und Rechkemmer, Gerhard: *Flavonoide.* Ernährungs-Umschau 48/2001 Hrsg. V. Bundesforschungsinstitut für Ernährung und Lebensmittel

Watzl, Bernhard: *Sekundäre Pflanzenstoffe – viel hilft viel?* Ernährungsumschau 55/2008. Hrsg. V. Bundesforschungsinstitut für Ernährung und Lebensmittel. S. 486-487

Wolfe, David und Shazzie: Naked chocolate, *The astonishing truth about the world`s greatest food* North Atlantic Books, California 2005

Wolfe, David: *Superfoods, the food and medicine of the future.* North Atlantic Books, California 2009

www.spiegel.de/wissenschaft/mensch/genussgetraenk-kakaodroehnung-schon-vor-3000-jahren-a-517001.html
http://www.theobroma-cacao.de/wissen
www.choco-story.be
www.selection-chocolatiers.ch, Sélection Chocolatiers AG, Werkstrasse 3, 8620 Wetzikon
Science Daily: Cocoa ‚Vitamin' Health Benefits Could Outshine Penicillin. Vom 12.3.2007
Süddeutsche Zeitung, von Werner Bartens: Kann Schokolade schlank machen. Vom 27.3.2012

DANKE
von Herzen meinem Mann und meinen beiden Kindern
Jakob und Hannah

DANKE
an alle Frauen, die mich bisher bei meinen Kakaoabenteuern begleitet haben:
Angelika Hirschberg, die meine Leidenschaft für Kakao in Worte zu fassen wusste
Julia Brodbeck, für die inspirierende und fruchtbare Zusammenarbeit
Dorothy in Panama und Orfelia in Peru, die sich täglich um die Früchte ihrer Plantagen kümmern
Meiner Mutter, die mir vor allem eines, die Lust am Kochen weitergegeben hat

Andrea Mast, Pädagogin, Schokoladenexpertin und engagierte Wegbereiterin für die Verbreitung und Herstellung von gesunder Rohkakao-Schokolade. Seit Jahren forscht sie über Rohkakao und begeistert in ihren Schokoladen-Seminaren Erwachsene wie Kinder. Mittlerweile bildet sie auch zum „Chocolate Instructor“ aus.
Andrea Mast ist Inhaberin der Firma KAKAO PUR, die mit Besitzern kleiner Kakaoplantagen zusammenarbeitet.
Die Nachhaltigkeit des Anbaus von Kakao sowie seine Integration in das Ökosystem liegen ihr sehr am Herzen.

Kontakt, Seminare, Kakao-Rohstoffe, Zutaten
und Pralinenförmchen für die
eigene Schokoladenherstellung:

Kakao pur
Andrea Mast
Am Ried 4b
87452 Krugzell
Email: kakaopur@gmx.de
www.kakaopur.de

Bezugsquellen

Rohe Kakaobohnen, Kakaopulver und Kakaobutter, Beeren, Nüsse, Süßungsmittel, Fruchtpulver und Aromaöle aus biologischem Anbau finden Sie in:

Naturkostläden, Biomärkten und Reformhäusern
oder u.a. in folgenden Internet-Versandshops:

chocqlate.com
rapunzel.de
rohkostgalerie.de
goodmood-food.net
keimling.de
pureraw.de
superfoodforyou.de
theobroma-cacao.de

Aromaöle:
primaveralife.com

Bildnachweis

Titelseite: Fotolia
Umschlag: Autorenfoto Gerd Heidorn

Inhalt:
Andrea Mast:
Seite 7, 8, 9, 11, 12, 20, 21, 22, 23, 28, 29, 30, 31, 39, 50
Gerd Heidorn, Oy-Mittelberg:
Seite 19, 41, 42, 70-71, 72, 73, 75, 87, 89, 91, 92-93, 95, 96, 97, 98, 99, 100, 103, 104, 105, 106, 108, 109,110, 111, 112, 113, 114, 115, 116, 117, 118, 119, 120, 121, 122, 123, 124, 125, 126, 127, 128, 129, 130, 131, 132, 133, 135, 137
Paul Waibl:
Seite 19, 61
Thomas Kettenring:
Seite 96 nach Vorlage PIP Studio, Early Bird
Fotolia:
14, 15, 16, 17, 31, 80, 96-97 Beeren, 99, 101, 107, 112, 136

India mexicana del Códice Tudela: Seite 13
Museo de America, Madrid mit freundlicher Genehmigung

EU-Bio-Siegel: S. 47
mit freundlicher Genehmigung von der Bundesanstalt für Landwirtschaft und Ernährung - Informationsstelle Biosiegel, Bonn

Fair-Trade-Siegel: S. 43
mit freundlicher Genehmigung von TransFair e.V., Köln

Die Autorin und der Verlag übernehmen keine Haftung für Schäden jedweder Art, die direkt oder indirekt bei der Anwendung der in diesem Buch vorgestellten Ernährungshinweise entstehen können.

Bibliografische Informationen der Deutschen Bibliothek
Die Deutsche Bibliothek verzeichnet diese Publikation in der Deutschen Nationalbibliografie; detaillierte bibliografische Daten sind im Internet über://dnb.ddb.de abrufbar.

1. Auflage 2013

Umschlaggestaltung, Satz und Layout:

Feliza Kettenring-von Beckerath

Druck: L.E.G.O., Lavis
Printed in Italy

ISBN 978-3-928554-88-6

S. Kind, S. Spielberg

Die vegetarische 5-Elemente-Küche
Zeitgemäß - Typbezogen - Lecker

Klappenbroschur, vierfarbig
ISBN 978-3-928554-85-5

B. Temelie, B. Trebut

Das Fünf Elemente Kochbuch
200 Rezepte zur Stärkung von Körper und Geist

Hardcover, vierfarbig, mit Poster
ISBN 978-3-928554-80-0